mentor training XXL

So packst du das Diktat

5.–10. Klasse

150 Deutsch-Diktate

Regeln – Tipps – spannende Storys

Georg Ludy
Katharina Westenburger
Antje Kelle

mentor
Eine Klasse besser.

Die Autoren Georg Ludy: Realschullehrer für Deutsch, Autor und Stoffentwickler für Film, Funk, Fernsehen und Theater (5. und 6. Klasse)
Katharina Westenburger: Gymnasiallehrerin für Deutsch (7. Klasse)
Antje Kelle: Gymnasiallehrerin für Deutsch, Autorin mehrerer mentor Lern- und Abiturhilfen sowie mentor Übungsbücher (8.–10. Klasse)

Redaktion Elke Spitznagel, Carsten Schmidt, Manuela Beisswenger

Abbildungen Greta Rief, Obersöchering (5. Klasse)
Henning Schöttke, Kiel (6.–10. Klasse)

Layout mentor Verlag, auf der Basis des Layouts von Barbara Slowik, München

Der Text dieses Bandes entspricht der seit 1.8.2006 verbindlichen neuen Rechtschreibung. Aus didaktischen Gründen werden nicht immer alle möglichen Schreibvarianten angegeben.

Umwelthinweis: Gedruckt auf chlorfrei gebleichtem Papier

Satz/Repro: Franzis print & media GmbH, München
Druck: Mercedes-Druck, Berlin
Bindung: Stein + Lehmann, Berlin
Printed in Germany
www.mentor.de

ISBN 978-3-580-63832-0

08011

Inhalt

So packst du das Diktat!

Freu dich auf spannende, lustige, gruslige und abenteuerliche Diktat-Geschichten! Jede Story besteht aus mindestens drei Teilen. Jeder Teil ist eine Seite lang und konzentriert sich dabei auf **ein einziges Rechtschreibthema**. So gehst du vor:

1. Schritt Zuerst wiederholst du die **Regel** und machst sie dir anhand der **Beispiele** klar. Damit hast du schon viel erreicht!

2. Schritt **Lies** die Geschichte zweimal durch. Mache dann die **Aufgabe** darunter. Wenn du dir unsicher bist, schreibe den Text besser erst einmal ab.

3. Schritt So kannst du dir das Diktat ganz stressfrei **selbst diktieren**:

- **Laufdiktat**: Lege das Diktat am anderen Ende des Zimmers ab. Merke dir einen Teilsatz oder auch einen ganzen Satz, laufe zum Schreibtisch und schreibe den Text auf. Dann läufst du wieder zum Buch usw.
- **Selbstdiktat**: Nimm das Diktat auf. Lege dabei Sprechpausen ein, damit du die Aufnahme zum Schreiben anhalten kannst.

Lies deinen Text am Ende noch einmal **konzentriert** durch.

4. Schritt **Verbessere** dein Diktat. Ist eine Zeile ohne Fehler, hakst du sie ab. Falls du einen Fehler gemacht hast, streiche ihn durch und schreibe das Wort richtig auf. Sind auch Fehler dabei, die das behandelte Rechtschreibthema betreffen? Dann konzentriere dich nochmals auf die Regel und die Beispiele.

5. Schritt Wenn du dich fit fühlst, kannst du dir das Diktat von jemandem **diktieren lassen**. Wichtig ist, dass du **genau zuhörst**! Zum Schluss lässt du dir die Geschichte am Stück vorlesen und überprüfst, ob du alles richtig aufgeschrieben hast. Lies deinen Text dann noch ein letztes Mal genau durch und verbessere ihn anschließend (vgl. 4. Schritt).

6. Schritt **Wiederhole** das Diktat nach ein paar Tagen, bis dein Text fehlerfrei ist. Vielleicht denkst du dir vorher zusammen mit deinen Eltern eine Belohnung aus, denn so macht das Training noch mehr Spaß.

Da dies ja nicht nur ein Diktatbuch, sondern auch ein Geschichtenbuch ist, kannst du auch einfach mal nur so lesen. Das ist nicht nur unterhaltsam, sondern du lernst auch noch was dazu, ganz nebenbei.

Viel Spaß und ganz viel Erfolg

wünscht dir

dein mentor Verlag

Teil I
Diktate 5. Klasse

Abenteuergeschichten

1 Der dösende Dennis im Gurkenfass
ss oder *s* oder *ß*?

Regel 1

Der *s*-Laut wird **nach kurzem Vokal** meist *ss* geschrieben.

Beispiele

Klasse	*passen*	*hässlich*
messen	*essen*	*vergesslich*
wissen	*gebissen*	*zerrissen*
Schloss	*geflossen*	*eingegossen*
Kuss	*müssen*	*genüsslich*

Teil 1

Jeder Gurke ein Fass

Der dicke Dennis hatte sich in Lena verliebt. | Nicht nur ein bisschen, nein, | Dennis konnte schon gar nichts mehr essen. | Da aber Lena bestimmt nur Helden küssen würde, | musste Dennis ein Held werden! |

Er könnte sich todesmutig im Gurkenfass | den Fluss hinunterstürzen. | Das wäre ein Ding! | Die Idee war gerissen, | da konnte nichts miss-lingen. | Nick fand das klasse. |

Am nächsten Mittag | kündigte Nick in allen Gassen | die unfassbare Heldenschau an. | Da traf er auch Lena und Kim. | Das passte ja prima! |

Dennis wartete inzwischen im Gurkenfass, | das, an eine Leine gebun-den, | auf dem Wasser schaukelte. | Ob es nicht besser wäre, | diesen Stuss bleiben zu lassen? | Da schlief der Dussel ein | und vermasselte alles.

(113 Wörter)

Auf geht's! **Schreibe die blauen Wörter im Diktat sorgfältig ab!**

Regel 2

Der *s*-Laut wird **nach langem Vokal** *s* oder *ß* geschrieben. Wird der *s*-Laut **stimmlos** gesprochen, steht meistens ***ß***. Am Wortende hilft dir die Verlängerungsprobe weiter: *Fuß – Füße*.

Beispiele

grüßen	*Soße*	*Straße*	*fließen*	*Strauß*
Füße	*groß*	*vergaß*	*gießen*	*draußen*
süß	*bloß*	*Maße*	*weiß*	*außer*
büßen	*Schoß*	*Spaß*	*Schweiß*	*außen*

Dennis kriegt feuchte Füße

Das Halteseil war aufgegangen! | Dennis erschrak maßlos. | Er trieb vom Ufer ab! | Da er auf keinem großen Floß saß, | warfen ihn die Wellen hin und her. |

Der dicke Dennis bekam feuchte Füße. | Das Wasser brach wie aus Gießkannen | über ihn herein. | Das war kein Spaß mehr! | Nun büßte er für seinen Leichtsinn! |

Von der Uferstraße kamen Nick, | Kim und Lena gerannt. | Sie sahen Dennis | die Fluten hinunterschießen. | Dennis vergaß vor Angst alles | und schrie mit weißem Gesicht laut um Hilfe. |

Schließlich konnte Lena das Halteseil greifen | und den Kloß ans rettende Ufer weisen. | Eine grüne Algensoße klebte an Dennis. | Kichernd begrüßten die Mädchen den Helden. |

Was sollte er der süßen Lena | jetzt bloß sagen?

(114 Wörter)

Auf geht's!

Schreibe das Diktat ab!

Regel 3

Der *s*-Laut wird **nach langem Vokal** *s* oder *ß* geschrieben. Wird der *s*-Laut **stimmhaft** (gesummt) gesprochen, steht meistens ein einfaches *s*.

Beispiele

Hase	*böse*	*lesen*	*sausen*
Blase	*dösen*	*gewesen*	*Pause*
Nase	*Brösel*	*Esel*	*lausig*
rasen	*lösen*	*Besen*	*Brause*

Klamme Hosen statt roter Rosen

Dennis legte in klammen Hosen | und mit tropfender Nase | seine rosa Socken in der Wiese aus. | Er musste verschnupft niesen. | Bei allem Dusel, | das war eine lausige Heldenschau gewesen! |

Mit bösem Grausen | blickte Dennis in die tosenden Fluten. | Da würde er nicht noch einmal runterdüsen! | Nick und Kim lachten | noch immer über den Angsthasen. | Doch da säuselte Lena | Dennis leise ins Ohr, | sie wolle keinen | dösigen Helden im Gurkenfass, | sondern einen Blumenstrauß für ihre Zimmervase. |

Flugs war Dennis genesen! | Er hatte doch von der Blumenwiese | zum Selberpflücken gelesen. | Dennis verkaufte Nick sein Gurkenfass. | Der Erlös löste | das wesentliche Problem, | die Blumen auch bezahlen zu können. |

Diese Nacht träumte Dennis, | wie er und Lena | im Rosenbeet schmusen würden.

(117 Wörter)

Auf geht's!

Lies das Diktat laut! Versuche bei den blauen Wörtern, den *s*-Laut wirklich zu summen!

2 Das etwas drastische Wespenfest

ss oder *s*?

Regel 1

Der *s*-Laut wird **nach** einem **Konsonanten** immer *s* geschrieben.

Beispiele

Stöpsel	*winseln*	*emsig*	*als*
Insel	*bremsen*	*flapsig*	*eins*
Kurs	*rätseln*	*fransig*	*erst*
Ferse	*grinsen*	*felsig*	*einst*
Pinsel	*aufhalsen*	*knacksend*	*falls*

Ein Würstchen und ein halbes

Diesen Samstag war Markt. | Es herrschte emsiges Treiben. | Mal drückten sich die Leute vorsichtig, | mal schubsten sie sich, | nach Luft japsend, | oder traten sich ungehorsam auf die Fersen. | Jeder wollte ein günstiges Schnäppchen einheimsen. |

Dennis hopste von einem Bein auf das andere, | um den Krimskrams der Marktleute zu sehen. | Erst gab es Wirsing, | Erbsen und Linsen, | als Nächstes Pfirsiche und Schnäpse | aus ungespritztem Obst. | Dort versuchten lebendige Krebse, | aus ihren Behältern zu entkommen, | plumpsten aber immer wieder hinein. |

Bei der Grillbude | konnte sich der dicke Dennis kaum bremsen. | Aber er hatte seine Geldbörse vergessen! | Nah am Kollaps, | kam ihm die Idee, | sich ein Würstchen ganz einfach zu mopsen. |

Sein flapsiges Grinsen | sollte ihm aber alsbald vergehen.

(116 Wörter)

Auf geht's! **Schreibe die blauen Wörter im Diktat ab!**

Regel 2

Der *s*-Laut **zwischen kurzem Vokal** und ***p*** oder ***t*** wird mit **einfachem *s*** geschrieben, wenn er **nicht am Ende des Wortstammes** steht.

Beispiele

Kast-en	*auflist-en*	*lust-ig*
Tast-e	*rost-en*	*drast-isch*
Wespe	*raspel-n*	*west-lich*
Frist	*fast-en*	*knosp-end*

Teil 2

Dem Würstchen wird's heiß

Beim Anblick der gegrillten Köstlichkeiten | konnte der dicke Dennis einfach nicht widerstehen. | Hätte er doch gefastet! | Warum musste er auch | nach verbotenen Rostbratwürsten tasten? |

Gerade biss er hinein, | da packte ihn ein Polizist | an seiner besten Weste. | Ein aufmerksamer Zeuge | belastete den Jungen schwer. | Jetzt half auch keine List mehr. | Dennis zitterte wie Espenlaub | und wisperte leise sein Stoßgebet. | Das war überhaupt nicht lustig! |

Da kam Lena mit einer Knuspertüte an. | Wie da die Wespen | um die Schokoraspeln tanzten. | Das war die Rettung! | Sofort schwirrten die Wespen | auch um die restlichen Marktbesucher | und lösten damit | fast eine Panik aus. | Einige piksten sogar | den Polizisten in die Brust. | Der fuchtelte hastig mit den Armen. | Sonst wäre Dennis nicht entkommen.

(118 Wörter)

Auf geht's!

Schreibe das Diktat ab!

Regel 3

Die **Ersetzungsprobe** hilft dir zu entscheiden, ob du *das* oder *dass* schreiben musst:
das ist immer **ersetzbar**, entweder durch ***dieses*** oder ***welches***, die Konjunktion ***dass*** ist **nicht ersetzbar**.

Beispiele

Das Buch, ***das*** *ich gerade lese, ist spannend.*
→ ***Dieses*** *Buch,* ***welches*** *ich gerade lese, ist spannend.*

Ich sagte, ***dass*** *ich ein Buch lese.*
Hier ergibt die Ersetzung mit ***dieses*** oder ***welches*** keinen Sinn.
→ *dass* mit ***ss***

Teil 3

Die Flucht hat Folgen

Der dicke Dennis sprang mit Lena | durch das schmale Gässchen davon. | Dass Lena ihm geholfen hatte, | das war ja klasse! |

Das eine Mal | habe sie ihm nun geholfen, | das gehe schon in Ordnung. | Das sagte sie freundlich. | Aber dass das nicht noch einmal passiere, | das musste er ihr schwören. | Dennis schwor das | und auch das, | dass er ihr dies nie vergessen werde. | Dass er das | wirklich ernst meinte, | das glaubte sie ihm gern. |

Lena rückte nah an ihn. | Sie legte ihren Arm um Dennis und sagte, | dass er ihr zum Dank | das restliche Schuljahr | den Schulranzen tragen müsse. |

Aber das Herz des dicken Dennis | klopfte so laut, | dass er das gar nicht mehr hörte.

(114 Wörter)

Auf geht's!

Schreibe das Diktat ab und ersetze dabei *das* durch *dieses* oder *welches*!

3 Die rasante Badewanne
Doppelkonsonant oder nicht?

Regel 1

Ein **Doppelkonsonant** steht nur nach einem **kurzen Vokal**, der **betont** ist.

Beispiele

Bett	*Zimmer*	*trennen*	*göttlich*
Bitte	*Wanne*	*können*	*nett*
Erinnerung	*Pappe*	*gewinnen*	*zusammen*
Sprosse	*Futter*	*stottern*	*herrlich*

Ein toller Fund

Diesen Sommer veranstaltete die Schule | einen Wettbewerb um die schnellste Seifenkiste. | Nick und der dicke Dennis | wollten zusammen daran teilnehmen | und das Rennen gewinnen. |

Gleich nach dem Mittagessen | rannte Dennis zu Nick. | Sie mussten schnell beginnen, | Bretter und Latten zu sammeln. | Nick kam der Schrottplatz | von Alteisen-Heinz in den Sinn! | Dort fänden sie bestimmt etwas. |

Trotz des Regenwetters | zogen die Rennfahrer los | und fanden in all dem Müll | herrliche Bauteile für ihre Seifenkiste: | eine Fahrradkette, | eine kaputte Taschenlampe | und sogar Gummiräder eines Schubkarrens. |

Und was war das? | Da gammelte eine alte Badewanne vor sich hin! | Die schleppten sie zu Nick nach Hause, | in dessen Zimmer | sie ihre Werkstatt einrichten wollten. |

Ihr gemeinsamer Sieg war beschlossene Sache!

(116 Wörter)

Auf geht's! **Lies das Diktat laut und achte besonders auf die Betonung der kurzen Vokale!**

Regel 2

Ein **Doppelkonsonant** steht **nie** nach einem **langen Vokal** oder einem **Diphthong**.

Beispiele

Knoten	*Raum*	*jagen*	*staunen*	*rot*
Puder	*Auto*	*lesen*	*schäumen*	*tot*
Süden	*Daumen*	*rasen*	*reisen*	*sauber*
Verbot	*Seife*	*mogeln*	*zielen*	*gezogen*

Teil 2

Das große Schrauben nimmt seinen Lauf

Der Tag des Seifenkistenrennens kam näher. | Es war verboten, | einen Motor einzubauen. | Da durfte nicht gemogelt werden. | Nick und der dicke Dennis | grübelten lange, | aber dann war der Plan fertig. |

Zügig schraubten sie | ihre Seifenkiste zusammen. | An die Badewanne aus Eisen | wurden mit Haken und Ösen | die Räder befestigt, | ein Besenstiel diente als Lenksäule. |

Zur Probefahrt ging es | in der Kiesgrube den Berg hinunter. | Die Jungen staunten nicht schlecht | über ihre Seifenkiste und jubelten. | Das war ein heißer Ofen! |

Am Abend vor dem Rennen | malten sie noch blaue Karos dran | und tauften ihre Seifenkiste | „Rasender Todesrenner". | Das hörte sich gefährlich an | und würde den anderen Teilnehmern Angst einjagen. |

Diese Nacht konnten Nick und Dennis kaum schlafen.

(116 Wörter)

Auf geht's!

Schreibe das Diktat ab!

Regel 3

Nach einem kurzen Vokal steht **kein Doppelkonsonant**, wenn **im Wortstamm** noch ein **weiterer Konsonant** folgt (Konsonantenhäufung).

Beispiele

Hand	*Holz*	*wirken*	*hart*
Karte	*Panzer*	*warten*	*munter*
Land	*Maske*	*halten*	*oft*
Kork	*Kind*	*torkeln*	*endlich*

Teil 3

Ein Fehlstart beendet das Rennen

Heute fand im Park | das Seifenkistenrennen statt. | Die Kinder waren außer Rand und Band | und bestaunten | die kunterbunten Rennwagen am Start. | Dennis und Nick hatten schon Lampenfieber. |

Lena und Kim wollten | von den tollkühnen Rennfahrern ein Foto knipsen. | Der stolze Nick versuchte sofort, | in die Seifenkiste zu hopsen. | Doch Dennis schubste | seinen Kumpel zur Seite. | Das ließ sich Nick nicht gefallen | und rempelte Dennis heftig an. | Der torkelte und plumpste, | die Stupsnase voraus, | in ihren Renner hinein. | Dieser Mops! | Nick wollte ihn festhalten, | aber da rutschte der Bremsklotz heraus! | Jetzt purzelte auch Nick | kopfüber hinein. |

Die Badewanne rumpelte davon. | Zu sehen waren nur die strampelnden Beine | der beiden Streithähne. | Am Ende dieser rasanten Sturmfahrt | humpelten sie schimpfend nach Hause.

(119 Wörter)

Auf geht's!

Schreibe die blauen Wörter im Diktat ab!

4 Bei drückender Hitze tanzen die Schnaken

k oder *ck*? *z* oder *tz*?

Regel 1

ck bzw. ***tz*** steht nur **nach** einem **kurzen betonten Vokal.**

Beispiele

Rücken	*zucken*	*Tatze*	*putzen*
Ecke	*schmecken*	*Pfütze*	*sitzen*
Acker	*backen*	*Trotz*	*glotzen*
Glocke	*schicken*	*Hitze*	*nützen*

Ab ins Wochenende

Wochenende! | Lena und Kim wollten | auf dem entzückenden Zeltplatz am See | trotz der drückenden Hitze | Sonne tanken, | abends am knackenden Lagerfeuer sitzen, | eingeritzte Würstchen brutzeln | und Witze erzählen. |

Zu diesem Zweck | packten sie ihre Rucksäcke | mit nützlichen Dingen: | dicke Jacken und warme Socken für den Abend, | Luftmatratzen und Decken für die Nacht, | Mützen als Sonnenschutz | und ein Dutzend Päckchen Lakritze. | Kim war schon schrecklich abgehetzt, | so hatten sie sich abgerackert. | Da musste man ja ein Kraftprotz sein! | Doch bei Lena durfte man nicht motzen. |

Ein letzter Schluck aus der Feldflasche, | das Gepäck auf den Rücken | und los ging's. | Augenblicke später | rückten ganz in der Ferne | dicke Wolken heran, | aber das machte | die schwitzenden Mädchen nicht stutzig.

(116 Wörter)

Auf geht's! **Schreibe die blauen Wörter im Diktat ab und ordne sie in einer Tabelle nach *ck* und *tz*!**

Regel 2

ck bzw. ***tz*** steht **nie nach** einem **Konsonanten,** einem **langen Vokal** oder einem **Diphthong.** In diesen Fällen schreibt man ***k*** bzw. ***z.***

Beispiele

Tanz	*scherzen*	*Schrank*	*sinken*
Ozean	*duzen*	*Laken*	*ekeln*
Schnauze	*geizen*	*Pauke*	*vorgaukeln*

Die Schnaken sind auch schon da

Das Zelt stellten die Mädchen | zwischen rankenden Pflanzen | ganz nah am See auf. | Was für eine reizvolle Landschaft! | Nur die ewig tanzenden Schnaken | waren ganz ekelhaft. |

Um sie zu vertreiben, | band Kim würzig stinkende Kräuterkränzchen | und musste dauernd ihre Nase schnäuzen. | Lena schaukelte | auf den schwankenden Planken des Stegs | und warf ihren Angelhaken aus. | Sie könnte zukünftig die Schule schwänzen | und für immer hier bleiben. | Es fehlten nur noch Kokosnüsse! | Lena kannte nämlich ein Rezept | für hochprozentigen Likör. | So gaukelte es Lena ihrer Freundin vor, | und das war natürlich nichts als Klamauk. |

Dann flunkerte Kim. | War der See gar ein Ozean? | Vielleicht gab es dazu auch noch Krokodile? |

Plötzlich donnerte es wie Paukenschläge! | Ein richtiger Orkan zog auf!

(119 Wörter)

Auf geht's!

Schreibe das Diktat ab!

Regel 3

Auf einen Blick:
ck / tz → nach **kurzem Vokal**
k / z → nach **langem Vokal, Diphthong** oder nach einem **Konsonanten**

Teil 3

Ein Zelt in Seenot

Wilde Blitze zuckten am Himmel. | Der Wind rüttelte | so schrecklich an den Bäumen, | dass sie ganz schön wankten. | Au Backe, | das wurde heikel! |

Kim erschrak, | aber fackelte nicht lange | und stürzte ins Zelt. | Wie verrückt winkte sie Lena. | Die Erdhaken rissen schon aus! | Jeden Augenblick | konnten die Zeltstangen umknicken. | Lena flitzte hinzu. | Nur keine Hetze! |

Überall entstanden schmutzige Pfützen. | Der Regen spritzte ins Zelt. | Zum Glück boten die Jacken mit den Kapuzen | ausreichend Schutz. |

Doch so plötzlich, | wie das Unwetter über sie hereingebrochen war, | zog sich der Spuk jetzt wieder zurück. | Die Sonne vertrieb kurz darauf | die schwarze Wolkendecke. | Lena und Kim setzten sich zum Trocknen | auf eine hölzerne Parkbank und scherzten: | dann doch lieber Mücken und Schnaken.

(118 Wörter)

Auf geht's!

Schreibe die blauen Wörter mit *k* und *z* im Diktat in deine Tabelle von Teil 2 ab!
Morgen vervollständigst du deine Tabelle von Teil 1 mit den blauen Wörtern aus dem Diktat von Teil 3, die *ck* und *tz* enthalten.

5 In Siebenmoos spuken die Ahnen
Lange Vokale 1

Regel 1

Der **lange *i*-Laut** wird meistens ***ie*** geschrieben. (Die Ausnahmen muss man sich einzeln einprägen.)

Beispiele

Ziel	*spielen*	*ziemlich*	*friedlich*	*ließen*
Krieger	*siegen*	*wie*	*mies*	*gerieben*
Liebe	*fließen*	*wieder*	*bieder*	*fielen*
Lieder	*frieren*	*viele*	*niedrig*	*geblieben*

Geister im Verlies

Die Kinder hielten sich mal wieder | in der hiesigen Burgruine Siebenmoos auf. | Hier gefiel es allen ziemlich gut. |

Dennis und Nick versteckten sich unten im Verlies. | Denn Nick hatte den fiesen Einfall, | als miese Burggeister | die zierlichen Mädchen zu erschrecken. | Lena spielte mit Kim | im hellen Burghof liebliche Burgfräulein. | Sie liefen tanzend herum | und sangen viele lustige Lieder. |

Plötzlich ertönte schauriges Geheul! | Kim fiel schier in Ohnmacht | und wollte fliehen. | Hätten sie die verwunschenen Gemäuer | doch lieber gemieden! | Riefen da wirklich Geister um Hilfe? |

Lena wollte dies unbedingt herausfinden. | Sie fasste Kim bei der Hand | und gemeinsam stiegen sie auf der Steintreppe | in die dunkle Tiefe. | Eine modrige Brise blies ihnen entgegen.

(112 Wörter)

Auf geht's!

Lies das Diktat laut und achte auf den langen *i*-Laut!

Regel 2

Nach einem **einfachen langen Vokal** steht oft ein **Dehnungs-*h*** – aber nicht immer!
Das Dehnungs-*h* steht vor allem, wenn der **Wortstamm** auf ***l*, *m*, *n*** oder ***r* endet**.

Beispiele

Zahl	*Mehl*	*lehr-en*	*wahr*
Ohr-en	*Ehr-e*	*nehm-en*	*sahn-ig*
Lehm	*Stuhl*	*vermähl-en*	*sehn-süchtig*
Uhr	*Rahm*	*Wohn-ung*	*vermehr-t*

Zwei Mädchen werden Geisterjäger

Lena und Kim schlichen zum Verlies hinab. | Kim sehnte sich ehrlich nach ihrer Mama. | Oh nein, | sie hatte es doch mehrmals geahnt: | In Siebenmoos spukte es! |

Lena spitzte die Ohren. | Die Burggeister lachten höhnisch herauf. | Kim fühlte ihr Herz im Halse pochen | und lehnte sich ängstlich an Lena. | Gegen Gespenster in der Überzahl | könnten sie sich wahrlich nicht wehren. | Sollten sie nicht lieber umkehren? |

Aber Lena hatte nie Angst. | Sie blickte verstohlen auf ihre Uhr: | Jetzt war ja wohl noch keine Geisterstunde! | Das johlende Geheul ähnelte auch sehr | den Stimmen ihrer spitzbübischen Gefährten | Dennis und Nick. |

Na warte! | Lena packte der Jähzorn: | Die falschen Ahnen, | die da im Verlies wohnten, | sollten eine gebührende Lehre erhalten.

(115 Wörter)

Auf geht's! **Lies das Diktat laut und achte dabei auf die langen Vokale!**

Regel 3

Lange Vokale werden nicht immer mit Dehnungs-*h* geschrieben. In manchen Fällen werden die **Vokale verdoppelt**.

Beispiele

*B**ee**ren*	*t**ee**ren*	*h**aa**rig*
*P**aa**r*	*ausl**ee**ren*	*w**aa**gerecht*
*F**ee***	***aa**len*	*d**oo**f*
*M**oo**r*	*ausb**oo**ten*	*m**oo**sig*

Teil 3

Die Entlarvung

Die Mädchen standen noch immer | auf der moosigen Steintreppe. | Lena hatte eine aalglatte Idee, | um Dennis und Nick, | dieses Paar Spitzbuben, | reinzulegen. |

Lena pfiff haarsträubend laut | in ihre leere Faust hinein. | Das scheuchte ganze Heerscharen von Fledermäusen auf. | Der reinste Geistersaal! | Dennis und Nick dachten, | die Aasgeier kämen, | um ihre Seelen zu holen! |

Zuerst rutschten die Jungen | auf dem glitschigen Teeranstrich | des nicht mehr ganz waagerechten Steinbodens aus. | Aber dann stürmten sie Hals über Kopf nach draußen. | Dort purzelten sie vor den wartenden Mädchen doof in den Klee. |

Nun mussten alle lachen. | Mit ihrem Schlauchboot ruderten die Kinder | über den See zurück nach Hause. | Dort kochten sie zur Versöhnung | einen Tee aus frischen Waldbeeren.

(114 Wörter)

Auf geht's!

Schreibe die blauen Wörter im Diktat ab und ordne sie dabei in einer Tabelle nach den Doppelvokalen!

6 Die tadelhafte Reise zum Mond

Lange Vokale 2

Regel 1

Lange Vokale werden nicht immer mit Dehnungs-*h* geschrieben. Es steht **kein Dehnungs-*h***, wenn der **Wortstamm** auf einen anderen Buchstaben als ***l*, *m*, *n*** oder ***r*** **endet**.

Beispiele

Mond	*blas-en*	*müd-e*
Reg-en	*spuk-en*	*tot*
Gras	*dös-en*	*gut*
Krug	*mog-eln*	*verbot-en*

Teil 1

Der Weltraumwicht

Nick lag gemütlich im Gras. | Die Wolken zogen gemächlich | über ihn hinweg | und boten ein stilles Schauspiel. | So hoch flöge er auch gern! |

Während der süße Duft der wilden Blüten | in seine Nase stieg, | wurde der gute Nick immer schläfriger … |

Plötzlich erschak Nick! | Da stand ein rosa Marsmännchen in der Wiese | und aß gefräßig vom Löwenzahn. | Nick traute seinen müden Augen nicht. | Da lud ihn der Vielfraß auf einen Flug zum Mond ein. | Das konnte wohl nicht wahr sein! | Pünktlich zum Abendbrot seien sie zurück, | versicherte der freundliche Weltraumkobold. |

Nick fasste seinen ganzen Mut zusammen. | Sie stiegen in das Raumschiff, | das einer großen Blechdose ähnelte. | Dann hoben sie ab, | und es ging los.

(114 Wörter)

Auf geht's! **Schreibe das Diktat ab!**

Regel 2

Lange Vokale werden nicht immer mit Dehnungs-*h* geschrieben. Es steht **kein Dehnungs-*h***, wenn der **Wortstamm** mit ***qu, sch*** oder ***t* beginnt**.

Beispiele

Schwur	*Tat*	*Quarz*	*schon*
Schub	*Tube*	*Quader*	*quer*
Schale	*Tafel*	*Quote*	*tun*
Schere	*Träne*	*quaken*	*quälend*

Schiffbruch auf dem Mond

Der Weltraumgnom gab volle Schubkraft. | Mit lautem Getöse | donnerte das schäbige Raumschiff in die Wolken. |

Das Ufo konnte von allein fliegen. | Nick und das grüne Männchen setzten sich in bequeme Sessel. | Dort gab es eine Tafel Weltraumschokolade aus der Tube. | Schon bald tratschten die beiden wie zwei alte Freunde. |

Plötzlich quäkten aus Lautsprechern quälende Töne! | Das Raumschiff legte sich schräg | und geriet schwer ins Trudeln! | Hatte der Motor Schaden erlitten? | Der Weltraumgnom schob alle Schalter auf Notlandung. | Schlagartig landete das Raumschiff! | Nick wurde nicht verschont | und purzelte quer durch die Kabine | zur schmalen Tür hinaus. |

Nicks Schädel brummte. | Er schämte sich nicht für seine Tränen. | Schiffbruch auf dem Mond! | Was sollten sie jetzt bloß tun?

(115 Wörter)

Auf geht's! **Schreibe das Diktat ab!**

Regel 3

Lange Vokale werden nicht immer mit Dehnungs-*h* geschrieben. Es steht meistens **kein Dehnungs-*h***, wenn der **Wortstamm** einen **Diphthong** enthält.

Beispiele

*Tr**au**m*	*r**ei**b-en*	*schn**au**f-en*
***Ei**l-e*	*kn**ei**f-en*	*schn**ei**d-en*
***Au**g-e*	*vers**äu**m-en*	*schl**ei**f-en*
*R**eu**-e*	*l**au**f-en*	*b**ei**ß-en*

Träume sind Schäume

Nick konnte es kaum begreifen, | aber kein Zweifel: | Sie waren auf dem Mond gestrandet! |

Hier konnte er doch nicht blei-ben! | Nick wollte schleunigst zurück nach Hause. | Sein grüner Freund tapste schnaufend aus dem Raumschiff | und rieb sich staunend die Augen. |

Nick fror und bat, | sich mit der Reparatur zu beeilen. | Der Welt-raumkobold räusperte sich und meinte, | das würde leider mehr als eine kleine Weile dauern. | Dieses Mondkalb! | Verzweifelt heulte Nick um Hilfe, | lauter und immer lauter … |

Da kam Kim gelaufen. | Scheu begann Kim, | Nick zu kneifen. | Da erwachte Nick. | Aber er lag ja noch immer im Gras bei den Weiden! | Die Reise zum Mond war nur geträumt! |

„Zum Glück", | dachte Nick, | „sind Träume nur Schäume."

(115 Wörter)

Auf geht's!

Schreibe die blauen Wörter im Diktat ab und ordne sie in einer Tabelle nach den Diphthongen!

7 Hexentänze zum Geheul der Käuzlein
Schwierige Laute

Regel 1

Wortfamilienregel: Wenn du nicht weißt, ob du *e* oder *ä* bzw. *eu* oder *äu* schreiben musst, kannst du bei **verwandten Wörtern** abgucken.
Zu den Wörtern mit ***ä*** bzw. ***äu*** findest du oft ein verwandtes Wort mit ***a*** bzw. ***au***.

Beispiele

überzeugt → Zeugnis	*bäuchlings → Bauch*
Läuse → Laus	*ausbeulen → Beule*
kräftig → Kraft	*bräunen → braun*
Kräuter → Kraut	*erbärmlich → Erbarmen*

Schauriges am Lagerfeuer

Lena, Kim, Nick | und der dicke Dennis, | die treuen Gefährten, | zelteten neulich | beim bäuerlichen Gehöft am Teufelsmoor. | Die Kinder wollten nämlich nicht versäumen, | dieses Wochenende ein Abenteuer zu erleben. |

Während es mit gräulichen Nebelschwaden dämmerte, | läutete fern das Abendglöckchen. | Aus dem nahe gelegenen Wäldchen, | das man auch „Bäume der neun Gehenkten" nannte, | heulte immer häufiger ein räudiger Köter. |

Dennis erzählte die Mär | von schrecklichen Räubern auf Gäulen, | die hier vor hundert Jahren | scheußliche Gräueltaten begangen hätten. | Kim äugte ängstlich zu Nick. | Lena war nicht abergläubisch | und erfreute sich an geräuchertem Speck vom wärmenden Lagerfeuer. |

Dann erschreckte sie ein Geräusch! | War das eine Eule, | nur ein Käuzchen | oder kam am Ende gar der Rächer der neun Geächteten?

(116 Wörter)

Auf geht's!

Lies das Diktat laut und achte auf eine genaue Aussprache von *e, ä, eu* und *äu*!

Regel 2

Der *x*-Laut wird nur in wenigen Wörtern ***x*** oder ***chs*** geschrieben. Wenn der **Wortstamm** auf *g*, *k* oder *ck* endet, steht ***gs***, ***ks*** oder ***cks***.

Beispiele

Hexe	*extrem*	*Nixe*	*Praxis*
Faxen	*Axt*	*Mixbecher*	*verhexen*
Kruzifix	*Taxi*	*Text*	*exakt*
Fuchs	*pik-sen*	*Deichsel*	*trick-sen*
wenig-stens	*trink-st*	*Klack-s*	*lüg-st*

Teil 2

Das große Zähneklappern

Das verdächtige Knacksen im Wald verstummte. | Die Kinder packten eiligst ihre wichtigsten Sachen zusammen | und krochen schnurstracks ins Zelt. |

Kraxelte hier etwa eine Hexe durchs Gebüsch? | Vielleicht machte sich jemand einen Jux? | Lena war am mutigsten unter den Abenteurern. | Längst hatte sie ihre Taschenlampe geholt. |

Der dicke Dennis holte | mit den zittrigsten Händen seines Lebens | eine Gabel aus seiner Frühstücksbüchse. | „Wenn du damit pikst, | zwingst du jeden in die Flucht", | gluckste Dennis ängstlich. | Lena lachte. | „Das ist doch ein Klacks für mich! | Ich werde das schon deichseln." | Dann krabbelte Lena aus dem Zelt. |

Doch so ein Unglücksrabe! | Das Lagerfeuer war ausgegangen! | Plötzlich sah Lena links vor sich | zwei glühende Augen! | Da suchte sie schleunigst das Weite.

(116 Wörter)

Auf geht's!

Schreibe das Diktat ab!

Regel 3

Achte genau auf die **Aussprache** und denke an die **Wortfamilienregel**!
Am Wortende hört man den Unterschied zwischen ***d*** und ***t***, ***b*** und ***p*** sowie ***g*** und ***k*** jedoch nicht. Das **Verlängern** des Wortes hilft dir außerdem weiter.

Beispiele

Gasse – Kasse	*Brise – Prise*	*Dank – Tank*
Garten – Karten	*backen – packen*	*Dorf – Torf*
*Tan**k** → tan**k**-en*	*Lum**p** → Lum**p**-en*	*Bro**t** → Bro**t**-e*
*Schla**g** → schla**g**-en*	*Gra**b** → gra**b**-en*	*Hun**d** → Hun**d**-e*

Des Rätsels Lösung

Lena rannte blindlings über die Torfwiesen. | Hoffentlich käme sie bald zum Dorf. | Die Angst hielt sie auf Trab. |

Welche Satansbrut war diesen Abend | aus dem Grab gestiegen? | Gab es hier Ungeheuer? | Schlagartig blieb Lena stehen. | War sie denn taub? | Dennis rief laut nach ihr. | Sie konnte die anderen doch nicht in der Not allein lassen. | Das wäre keine löbliche Tat. |

Lena kehrte um. | Da hörte sie Musik! | Das Lagerfeuer brannte wieder, | die anderen tanzten herum. | Alle bis auf Dennis lachten Lena aus. | Der Störenfried war nämlich nur ein kleiner Igel gewesen! | Gut möglich, dass Lena rot wurde. |

„Bestimmt war da noch etwas anderes“, | verteidigte der dicke Dennis Lenas Mut | und bekam dafür ihre Scheibe Räucherspeck.

(115 Wörter)

Auf geht's!

Lies das Diktat laut und achte dabei besonders auf die Wortendungen!

8 Endstation eines wahren Entdeckers
Achtung: Verwechslungsgefahr!

Regel 1

Achte auf die **Bedeutung**!
Man schreibt *seid*, wenn das Verb ***sein*** gemeint ist.
Man schreibt *seit*, wenn es um eine **Zeitangabe** geht.

Beispiele

*Ihr **seid** mutig.*	*Wo **seid** ihr?*	***Seid** leise!*

Aber:

***seit** drei Jahren*	***seit** gestern*	***seit** Ewigkeiten*

Außerdem gibt es mit *seit* einige Wortverbindungen:
***Seit**her ist es verschwunden.*
*Er lässt das **seit**dem bleiben.*
*Sie verließ ihre **seit**herige Schule.*

Die Flaschenpost

Lena, Kim und Nick saßen seit Stunden am Badesee. | Seit Tagen hatten sie Ferien, | aber seitdem war nichts passiert. |

„Ihr seid vielleicht trübe Tassen", | sagte Nick. | „Seit Stunden ist nichts los!" | „Ihr Jungs seid nicht besser!", | maulte Lena. | „Seit Ferienbeginn seid ihr launisch!" | „Das seid ihr! | Sogar Dennis bleibt seither weg!", | schimpfte Nick. | Da fiel ihnen auf, | dass sie den dicken Dennis seit Langem nicht gesehen hatten. |

Plötzlich schaukelte eine Flasche vor Kim. | Eine Flaschenpost! | Sofort standen alle um Kim herum. | Kim las vor: | „An meine seitherigen Freunde: | Seid gegrüßt! | Bin seit heute früh hier gefangen. | Kommt mich befreien! | Ihr seid meine letzte Hoffnung! | Euer dicker Dennis." |

„Seid ihr bereit für das Abenteuer?", | fragte Lena begeistert.

(116 Wörter)

Auf geht's! **Schreibe das Diktat ab!**

Regel 2

Achte auf die Bedeutung!
Man schreibt ***end***, wenn das Wort etwas mit ***Ende*** zu tun hat.
In allen anderen Fällen steht die Vorsilbe ***ent-***.

Beispiele

*En**d**spurt*	*en**d**lich*	*beendeen*
*En**d**station*	*en**d**los*	*veren**d**en*
*En**t**schuldigung*	*en**t**decken*	*en**t**fernt*
*En**t**fernung*	*en**t**wickeln*	*en**t**behrlich*
*En**t**schluss*	*en**t**lassen*	*en**t**lang*

Der Bergungstrupp macht sich bereit

Endlich! | Entgegen allen Erwartungen | entpuppte sich dieser Tag zur Entdeckungsreise. |

Entschlossen, ihren Freund zu retten, | entwickelten die Kinder unendlich viele Rettungspläne. | Das war unentbehrlich, | wollte man eine Enttäuschung vermeiden. | Entscheidend war, | die in der Flaschenpost enthaltene Karte zu entschlüsseln. | Das ließ sich die entzückte Kim nicht vorenthalten. | Nach unendlich langen Minuten | entzifferte sie die entstellten Kritzeleien: | Dennis saß, entsprechend der Karte, | auf der weit entfernten Enteninsel fest! |

Kim wollte schon entmutigt aufgeben, | aber Lena entgegnete ihr entschieden: | „Mein Entschluss steht endgültig fest. | Entweder Rettung von Dennis oder gemeinsamer Untergang!" |

Nick beendete die endlosen Überlegungen. | Mit seiner Seifenkiste „Rasender Todesrenner", | der zweckentfremdeten Badewanne, | könnten sie den dicken Dennis seinem Schicksal entreißen! | Nick versprach ihnen ein glückliches Ende.

(116 Wörter)

Auf geht's!

Schreibe alle blauen Wörter (auch, wenn sie zweimal vorkommen) mit *end* im Diktat in eine Wortliste ab! Morgen machst du dasselbe mit allen blauen Wörtern im Diktat, die mit *ent-* beginnen!

Regel 3

Achte auf die Bedeutung!
Man schreibt ***war***, wenn das Verb ***sein*** gemeint ist,
man schreibt ***wahr***, wenn das Adjektiv zu ***Wahrheit*** gemeint ist.

Beispiele

***Wahr**heit*	*be**wahr**heiten*	***wahr***
***Wahr**sager*	***wahr**sagen*	***wahr**scheinlich*
***Wahr**sagerei*	***wahr**nehmen*	***wahr**heitsliebend*

Aber:

*Ich **war** da!*	*Du **warst** allein.*	*Wo **waren** sie?*

Teil 3

Rettung von der Enteninsel

Der dicke Dennis wollte es nicht wahrhaben: | Sein Schlauchboot war abgetrieben! | Hier war Endstation! |

Wo waren nur seine Freunde? | Wahre Freunde lassen sich nicht im Stich! | Wahrscheinlich war seine Flaschenpost nicht angekommen. | Dennis war wahrlich zum Heulen zumute. |

Auf einmal nahm er am Horizont | ein ungewöhnliches Boot wahr. | Lena, Kim und Nick | waren im „Rasenden Todesrenner" unterwegs zu ihm! |

War das eine Freude! | Überglücklich stieg Dennis an Bord. | „Du warst schlau, | die Flaschenpost zu schicken. | Was wahr ist, muss man wahr lassen", | meinte Nick. |

„Lena war sofort dafür, | dich zu retten", | sagte Kim wahrheitsgemäß. | „Echt wahr?", | strahlte der dicke Dennis. | Doch Lena tat so, | als habe sie das nicht gehört. | Aber das war wahrscheinlich nicht wahr.

(116 Wörter)

Auf geht's!

Schreibe das Diktat ab!

9 Vier Flieger beim Fliegen und eine Gemeine
Großschreibung

Regel 1

Eigennamen, Substantive und **Satzanfänge** schreibt man **groß**.

Beispiele

Nick	*Amerika*	*Bodensee*	*Kim*
Junge	*Schiff*	*Auto*	*Kind*

Und die Satzanfänge:
Erst ist es windig. Dann regnet es. Manchmal blitzt es.

Die Flugzeugbauer

Nick hatte im Kino „Sternchen“ | einen Film über den tollkühnen Flieger | „Roter Baron“ | gesehen. | Dieses Erlebnis machte noch Stunden später | Eindruck auf den Jungen. | Und so beschloss Nick den Bau eines eigenen Flugzeugs. |

Klare Sache, | der dicke Dennis wäre eine große Hilfe. | Nick hatte Glück, | Dennis sagte Minuten später seine Unterstützung zu. | Sofort ging es an die Arbeit. | Der alte Otto, | Nicks Nachbar, | schenkte den Flugzeugbauern seinen Rasenmäher. | Der Motor der Schrottmühle lief noch ohne Probleme. |

Alteisen-Heinz gab den Jungen | Wellbleche für die Flügel. | Und Dennis hatte nach dem Verlust seines Schlauchbootes | ein Paddel übrig. | Das wurde der Propeller. | Das alles schraubten sie an den „Rasenden Todesrenner“. |

Lena und Kim würden Augen machen!

(113 Wörter)

Auf geht's! **Schreibe das Diktat ab!**

Regel 2

Substantivierte Wörter schreibt man **groß**.
Ein **Verb** kann z. B. durch einen vorangestellten Artikel, eine Präposition, ein Adjektiv usw. zum Substantiv werden.

Beispiele

lachen	→	*das **L**achen*	*dein **L**achen*	*vor **L**achen*
weinen	→	*das **W**einen*	*ihr **W**einen*	*zum **W**einen*
husten	→	*der **H**usten*	*starker **H**usten*	*bei **H**usten*
schreien	→	*das **S**chreien*	*lautes **S**chreien*	*beim **S**chreien*

Teil 2

Eine Badewanne lernt fliegen

Tags darauf herrschte ideales Wetter zum Fliegen. | Nick und der dicke Dennis dachten schon beim Aufstehen | an das Dröhnen ihrer Flugmaschine, | wenn sie beim Starten den Motor anwerfen würden. |

Wenig später waren die Jungen gehörig am Schwitzen. | Schließlich musste ihr Flugzeug | zum Abheben auf die Wiese gerollt werden. | In wenigen Minuten würden sie sich emporschwingen. |

Lena und Kim kamen angerannt. | Sie wollten natürlich dabei sein, | wenn es in die Lüfte ging! | Die Jungen zeigten ihr überlegenes Grinsen | und waren den Mädchen | sogar beim Einsteigen behilflich. |

Dann warf Nick den Propeller an! | Das Johlen der Kinder wurde vom Knattern des Motors übertönt. | Heftiges Rumpeln erschreckte sie, | aber fürs Aussteigen war es bereits zu spät.

(113 Wörter)

Auf geht's

Schreibe die Sätze mit den blauen Wörtern im Diktat ab!

Regel 3

Substantivierte Wörter schreibt man **groß**.
Ein **Adjektiv** kann z. B. durch einen vorangestellten Artikel, ein unbestimmtes Zahlwort wie *viel, wenig, etwas, alles* usw. zum Substantiv werden.

Beispiele

*wenig **N**eues*	*der **M**utige*	*So ein **F**recher!*
*viel **S**chönes*	*die **H**übschen*	*Das ist eine **N**ette!*
*alles **G**ute*	*das **D**umme*	
*etwas **S**üßes*		

Die Spielverderberin setzt zur Landung an

Nick versuchte alles Mögliche, | die wild gewordene Badewanne zu bändigen. | Schließlich ging der Wagemutige aufs Ganze. |

„Das Wichtige beim Fliegen ist, | daran zu glauben!“, | rief Nick. | Das taten sie, | und wie! |

„So etwas Beeindruckendes!“, | schrie Lena wegen des lauten Motors. | „Es gibt nichts Schöneres!“, | rief auch Kim. | Sie erlebten diesen Nachmittag viel Lustiges. | Ein eigenes Flugzeug! | Nein, so etwas Unglaubliches! |

Dennis ölte alles Quietschende und meinte: | „Nichts Schlimmeres als Motorschaden!“ | Weil Nick Lena nicht ans Steuer ließ, | gab es beinahe Saures. | „Badewannen können eh nicht fliegen!“, | sagte Lena deswegen beleidigt | und hüpfte ins Gras. | So eine Gemeine! |

Abends lag Nick noch lange wach. | Aber der Rote Baron hätte auch niemals ein Mädchen fliegen lassen!

(114 Wörter)

Auf geht's!

Schreibe das Diktat ab!

10 Ein Bäcker, ein verliebter …
Kleinschreibung

Regel 1

Adjektive schreibt man **klein**.
Aufgepasst bei Substantivierungen: Manchmal sind Adjektive nur **scheinbar substantiviert** – in Wirklichkeit beziehen sie sich auf ein vorangehendes Substantiv und werden deshalb kleingeschrieben.

Beispiele

*Ich mag **r**ote Gummibärchen und die **g**elben (Gummibärchen).*

*Ein guter Sportler beherrscht nicht nur die **l**eichten Turnübungen. Er beherrscht auch die **s**chwierigen (Turnübungen).*

*Ein fleißiger Koch bereitet alle Mahlzeiten köstlich zu, die **w**armen wie die **k**alten (Mahlzeiten).*

Teil 1

Große Torte statt vieler Worte

Der schöne Sommer ging langsam zu Ende. | Deswegen hatte der dicke Dennis | seine Freunde zu einem Sommerfest eingeladen. |

Es würde viele kleine Kuchen | und einen großen geben. | Die süße Lena | bekäme ein besonders großes Stück Kuchen. | Danach könnten sie alle | das blinkende Sternenzelt betrachten. | Und ein kleiner Stern | würde nur für ihn und Lena blinken. |

Dennis setzte seine spitze Kochmütze | aus altem Zeitungspapier auf | und suchte alles Notwendige zusammen: | frische Eier, | weißes Mehl und viele Nüsse. | Die gemahlenen schüttete er gleich | in den klumpigen Teig, | und mit den ganzen | würde er den Kuchen verzieren. | Ob vier volle Packungen Zucker genügten? |

Dann fiel dem dicken Dennis die Hefe ein. | Hätte er davon lieber die Finger gelassen …

(115 Wörter)

Auf geht's! **Nimm das Diktat auf und schreibe es dann als Selbstdiktat!**

Regel 2

Superlative mit *am* schreibt man klein.

Beispiele

*Er kann **am b**esten rechnen.*
*Du schwimmst **am s**chnellsten.*
*Sie ist **am s**tärksten.*
***Am m**eisten nervt uns der Lärm.*

Kuchen mit Knalleffekt

„Viel Hefe ist gut, | noch mehr Hefe ist am besten“, | dachte der dicke Dennis. |

Also mischte Dennis | gleich mehrere Päckchen Hefe in den Teig. | Dadurch würde er am schnellsten | und am stärksten aufquellen. | Ohne abzuwarten, | stampfte Dennis den Teig | in eine viel zu kleine Kuchenform | und schob diese in den Backofen. |

In der Zwischenzeit grübelte Dennis | am meisten darüber, | wie er Lena am ehesten dazu bekäme, | sich neben ihn zu setzen. | Ob sie merken würde, | dass er sie von allen am liebsten hatte? |

Der Kuchen im Backofen wurde immer dicker. | Aber am schlimmsten war, | dass Dennis neugierig | seine Nase in den Ofen steckte. | Genau jetzt explodierte der Kuchenteig | und die Backform prallte gegen seine Nase!

(115 Wörter)

Auf geht's!

Schreibe das Diktat ab und setze die Superlative zurück in die erste Steigerungsform: *am besten* → *besser* usw.!

Regel 3

Die **Anredeformen *du, dein, ihr, euer*** usw. schreibt man **klein.** Nur in Briefen darf man sie auch großschreiben. Die höflichen Anredeformen *Sie, Ihr, Ihnen* usw. werden dagegen immer großgeschrieben.

Beispiele

*Bist **du** endlich aufgewacht?*
*Es ist **euer** Verdienst, unermüdlich habt **ihr** dafür gearbeitet, **euch** gebührt der Dank.*
*Ich grüße **dich** / **Dich** herzlich, **dein** / **Dein** Nick.*

Das Sommerfest zerbröselt

Am Nachmittag machten sich Nick, | Lena und Kim auf den Weg zu Dennis. |

„Seid ihr sicher, | dass es Kuchen gibt?“, | fragte Kim. | „Darauf kannst du wetten“, | sagte Nick. | Er knuffte Lena. | „Übrigens, du, | für Verliebte gibt es besonders große Kuchenstücke!“ | „Weißt du nicht, | dass ich gerade eine Diät mache?“, | fragte Lena schnippisch. | „Ärgert dich das?“, | fragte Kim. | Lena verdrehte die Augen. |

Doch an Dennis’ Haustür hing nur ein Brief. | Auf dem stand: | „Hallo, ihr / Ihr Lieben, | das Fest fällt aus, | bin leider verhindert. | Grüße an euch / Euch, | euer / Euer dicker Dennis.“ |

Dennis geschwollene Nase leuchtete in allen Farben. | Der Doktor saß an seinem Bett und fragte: | „Tut dir deine Nase noch weh?“ | Da seufzte der dicke Dennis ganz tief.

(116 Wörter)

Auf geht’s!

Schreibe das Diktat ab und unterstreiche die Anredeformen!

11 Fiebrig sucht, wer Schätze suchen geht
Getrenntschreibung

Regel 1

Verbindungen von **Verb + Verb** schreibt man meist **getrennt**. Die Verbindung *kennen lernen* darf man auch zusammenschreiben: *kennenlernen*.

Beispiele

*Die Kinder **gehen einkaufen**.*
*Ob wir das wirklich **essen wollen**?*
*Das hab ich ja **kommen sehen**!*
*Hier wollten sie noch eine Weile **sitzen bleiben**.*

Teil 1

Ein Schatzsucher sucht Verbündete

Nick schlug dem dicken Dennis vor, | Schatzsucher zu werden. | Als Schatzsucher könnten sie | getrost spazieren laufen, | anstatt die Schule zu besuchen. |

„Wie wird man denn Schatzsucher?“, | fragte Dennis. | „Man muss einen Schatz suchen gehen, | das ist alles“, | sagte Nick. | „Ob wir dann nachsitzen müssen?“, | grübelte Dennis. | „Meinetwegen, | aber heute muss ich rechnen lernen. | Ich will mich nicht schimpfen lassen!“ | Und weg war er. |

Nick konnte seine Wut | im Bauch kochen spüren. | Das hatte er nicht kommen sehen. | So eine großartige Idee | und Dennis kniff! | Na, der sollte ihn kennen lernen / kennenlernen! |

„Dann werde ich eben | Lena und Kim fragen gehen!“, | rief Nick dem dicken Dennis nach. | Er würde es sich | doch nicht nehmen lassen, | ein berühmter Schatzsucher zu werden.

(118 Wörter)

Auf geht's! **Schreibe die blauen Wortverbindungen ab!**

Regel 2

Substantiv + Verb schreibt man meistens **getrennt**.

Beispiele

*heimlich **Händchen halten***
*draußen **Fußball spielen***
*gemeinsam **Rad fahren***
*an der Kasse **Schlange stehen***

Teil 2

Der Schatzsucher zieht los

Nick sah Lena und Kim | in der Ferne Rad fahren. | Um sie noch einzuholen, | musste er jetzt Gas geben. | Er wollte den Mädchen Mut machen, | ihm bei seiner Schatzsuche zu helfen. |

„Heute Nachmittag grabe ich | den Schatz der neun Gehenkten aus! | Wenn ihr wollt, | können wir Partner werden", | bot Nick den Mädchen an. | „Heute können wir wirklich nicht", | sagte Lena. | „Kim und ich müssen Mathe lernen." | „Ihr macht ja nur nicht mit, | weil ihr Angst habt!", | motzte Nick. | Er hatte es ja gewusst: | Vor Mädchen musste man sich in Acht nehmen. |

Aber er würde seinen Schatz auch allein finden. | Dann würden sie alle Bauklötze staunen | und Schlange stehen, | um den Schatz ansehen zu dürfen!

(114 Wörter)

Auf geht's! **Schreibe das Diktat ab!**

Regel 3

Verbindungen von **Adjektiv + Verb** schreibt man meist **getrennt**. Wenn durch die Verbindung jedoch eine **neue (übertragene) Bedeutung** entsteht, schreibt man **zusammen**.

Beispiele

laut reden	*schnell rennen*
dick werden	*sich ähnlich sehen*
etwas übrig lassen	*hämisch grinsen*
sich satt essen	aber: *etwas satthaben* (= nicht mehr mögen)

Teil 3

Der Schatz bringt kein Glück

Nick konnte beim Alteisen-Heinz | eine rostige Schaufel ausfindig machen. |

„Damit willst du fündig werden?“, | lachte Alteisen-Heinz. | „Ich möchte auch noch einmal jung sein!“ | „Es gibt einen Schatz der neun Gehenkten!“, | rief Nick tierisch sauer. |

Stundenlang durchwühlte Nick den Waldboden, | suchte Bäume nach Räuberzeichen ab | und guckte unter verdächtige Steine. | Das alles musste er | wegen der Räuber heimlich tun. | Das konnte einen vielleicht fertigmachen. |

Da trat er auf etwas Hartes! | Ein Hufeisen! | Das hatte bestimmt | das Pferd eines Räubers verloren! | Nick nahm es und rannte davon. | Sollte sich Alteisen-Heinz | nur über ihn lustig machen! |

Seinen Freunden blieb die Spucke weg, | aber Nick auch. | Er bekam nämlich im Rechnen eine Fünf. | Trotz des Hufeisens!

(111 Wörter)

Auf geht's!

Schreibe die blauen Wortverbindungen im Diktat ab! Achte darauf, dass *fertigmachen* zusammengeschrieben wird, da es im Sinne von *zermürben* gebraucht wird.

12 Das pitschenasse, rührselige Ende
Zusammenschreibung

Regel 1

Wenn ein Teil einer Wortverbindung **nicht allein** auftreten kann, schreibt man die Verbindung **zusammen**.

Beispiele

kratzbürstig	*langatmig*	*schnelllebig*
trübsinnig	*schwermütig*	*großspurig*
übermütig	*eindeutig*	*mehrsprachig*

Teil 1

Die allerletzte Chance

Draußen tobte der erste Herbststurm. | Was sollte man an einem solch | trübsinnigen Tag bloß unternehmen? |

Der dicke Dennis wollte gar nicht erst aufstehen. | Eindeutig, | heute würde ein langweiliger Tag. | Dennis zog sich schwermütig | die Bettdecke über den Kopf. |

Da klingelte das Telefon. | Nick war dran. | Großspurig erzählte er vom neuesten Kinofilm, | einem spannenden Mehrteiler. | „Spar dir dein langatmiges Geplappere“, | sagte Dennis. | „Ich komme nicht mit.“ |

Nick schimpfte übermütig: | „Du dickbäuchiger, krummbeiniger Langweiler! | Stell dich nicht so kratzbürstig | und widerspenstig an!“ | Lena und Kim wollten doch auch mitkommen. |

Das änderte natürlich alles! | „Jetzt oder nie“, | dachte der dicke Dennis. | Heute musste es klappen! | Wenn er und die langmähnige Lena | nur erst mal nebeneinandersitzen würden.

(114 Wörter)

Auf geht's! **Schreibe das Diktat ab!**

Regel 2

Wenn das erste Wort einer Verbindung die **Bedeutung** des zweiten Wortes **verstärkt**, schreibt man die Verbindung meistens **zusammen**.

Beispiele

giftgrün	*knallrot*	*todmüde*
klatschnass	*brandneu*	*faustdick*
todmüde	*stocksteif*	*blitzschnell*
steinhart	*eiskalt*	*urgemütlich*

Teil 2

Zwei Freunde im Regen

Der dicke Dennis und Nick | standen vor dem Kino im Regen | und warteten mordsungeduldig auf die Mädchen. | Langsam wurden sie pitschepatschenass. |

„Wenn sie nicht kommen, | ist das megapeinlich“, | knurrte Nick stinksauer. | Dennis überkam eine Riesenangst. | „Der Film ist brandneu. | Den dürfen wir nicht verpassen!“, | jammerte Nick weiter. |

Dann kamen endlich Lena und Kim. | Unter ihrem Lieblingsregenschirm | sah Lena zuckersüß aus. | „Ich setz mich neben Nick!“, | rief Kim blitzschnell. | „Und du?“, | fragte Nick Lena. | „Ist mir schnurzegal“, | sagte Lena. | Der dicke Dennis schluckte. | Sie hatte ihn nicht mal angesehen! |

Lena setzte sich neben Dennis. | Das tat sie aber nur, | weil kein anderer Platz mehr frei war. | Das spürte er genau. |

Stocksteif schauten sie auf die Leinwand.

(115 Wörter)

Auf geht's!

Schreibe die blauen Wortverbindungen ab!

Regel 3

Verbindungen mit ***irgend-*** schreibt man **zusammen**.

Beispiele

irgendwer	*irgendwie*	*irgendeine*
irgendwem	*irgendwo*	*irgendeiner*
irgendwen	*irgendwann*	*irgendein*
irgendetwas	*irgendwelche*	*irgendjemand*

Was lange währt, wird endlich gut

Das Licht ging aus | und der Film begann. | Von wegen brandneu! | Irgendwo hatte Dennis ihn schon gesehen. |

Lena amüsierte sich über den Film. | Irgendwie fasste der dicke Dennis Mut | und fragte sie: | „Willst du Popkorn?“ | Aber Lena schnitt nur irgendeine Grimasse. |

Plötzlich schrie Lena auf! | Irgendjemand wollte heimlich | ihren Regenschirm klauen! | Der dicke Dennis sah | den Langfinger wegrennen. | Dennis lief schnell | von der anderen Seite zum Ausgang. |

Dort konnte Dennis | dem Dieb den Weg versperren. | Schon schnappte sich | irgendein Erwachsener das Bürschchen. | Der Film ging weiter | und Dennis brachte Lena ihren Regenschirm zurück. |

Irgendwann legte Lena | ihre Hand auf seine. | Keiner merkte was. | Der dicke Dennis strahlte. |

Er war nicht mehr irgendwer. | Er war ein Held!

(116 Wörter)

Auf geht's!

Nimm das Diktat auf und schreibe es dann als Selbstdiktat!

Teil II

Diktate 6. Klasse

Sciencefiction-Abenteuer

1 Der Auserwählte und die Schöne
Lange Vokale 1

Regel 1

Nach einem **einfachen langen Vokal** steht oft ein **Dehnungs-*h*** – aber nicht immer!
Das Dehnungs-*h* steht vor allem, wenn der **Wortstamm** auf ***l*, *m*, *n*** oder ***r*** endet.

Beispiele

Mühl-e	*wohn-en*	*ihn*	*wahr*
Ohr-en	*bewahr-en*	*wohl*	*ähn-lich*
Ruhm	*wähl-en*	*sehr*	*berühm-t*
Wohn-ung	*nehm-en*	*lahm*	*wähl-erisch*

Teil 1

Der besondere Junge

Jonas wohnte mit seinen Eltern | in einer flügellahmen Windmühle | und wurde in der Schule von allen | nur „der Angsthase" genannt. | Aber dieser Hohn ärgerte Jonas nicht mehr sehr. | Er würde schon noch zu Ruhm und Ehre kommen. | In Wahrheit war er nämlich kein Angsthase, | sondern nur ein Träumer. |

Den ganzen Tag hatte Jonas den Kopf | an die Dachluke seines Baumhauses gelehnt | und Löcher in den Himmel gestarrt. | Er sehe wohl wieder | die Mäuse Walzer tanzen, | schimpfte sein Vater deswegen | und zog ihm die Ohren lang. | Jonas' Mutter aber nahm ihren Sohn in Schutz | und sagte lieb: | „Er ist eben ein ganz besonderer Junge." |

Vielleicht fiel die Wahl deswegen auf ihn. | In dieser Nacht erfasste plötzlich | ein greller Lichtstrahl sein Baumhaus! | Jonas fuhr erschrocken aus seinen Träumen hoch. | Außer ihm bemerkte niemand, was hier passierte …

(134 Wörter)

Abflug! **Lies das Diktat laut und achte dabei auf die langen Vokale!**

Regel 2

Lange Vokale werden nicht immer mit Dehnungs-*h* geschrieben. Es steht oft **kein Dehnungs-*h***, wenn der **Wortstamm** auf einen **anderen Buchstaben als *l*, *m*, *n*** oder ***r*** endet.

Beispiele

Bad	*schlag-en*	*dös-en*	*müd-e*
Lüg-e	*bet-en*	*blas-en*	*gut*
Gras	*frag-en*	*tot*	*bös-e*

Teil 2

Jonas geht an Bord

Jonas rieb seine müden Augen, | aber schlagartig wurde er hellwach: | Unten im Gras stand ein Roboter aus rotem Metall. | „Jonas, | schläfst du?", | fragte der Roboter. | Das konnte doch nicht wahr sein! | Was oder wer war das? – | „Wir haben jetzt keine Zeit! | Wir müssen sofort los!" |

Schon zwei Minuten später saß Jonas im Raumschiff. | Das war ein heißes Gerät! | Der rote Blechmann hieß Robotrick | und war der Leibwächter der lieblichen Prinzessin Supra. |

Jonas müsse ihr helfen, | bat Supra. | Sie sei auf der Suche nach ihrem Vater, | dem König Galaktikus. | Der böse General Zork habe ihn entführt. | Jonas verliebte sich sofort in sie. |

Die Not war nun groß, | denn Supras Pilot litt gerade an der Raumkrankheit. | Er lag in seinem Schlafraum | und konnte das Raumschiff nicht mehr steuern. |
Jonas erwog: Sollte er das Abenteuer wagen?

(133 Wörter)

Abflug!

Schreibe das Diktat ab!

Regel 3

Lange Vokale werden nicht immer mit Dehnungs-*h* geschrieben. Es steht **kein Dehnungs-*h***, wenn der **Wortstamm** mit ***qu, sch, sp*** oder ***t*** beginnt.

Beispiele

Tor	*Quere*	*Spaß*	*Schule*
Träne	*Qual*	*Spule*	*Schönheit*
ver-treten	*quälen*	*sparen*	*schaden*

Teil 3

Die Reise beginnt

Jonas wusste nicht, | was er tun sollte. | Die schöne Prinzessin Supra hatte schon Tränen in den Augen. |

„Wir müssen General Zork in die Quere kommen!", | drängte Supra. | „Es wird bald Tag!", | quakte Robotrick tadelnd. | „Also, was ist jetzt, | du Grünschnabel?" | „Ich muss doch morgen in die Schule", | zögerte Jonas. | „Dieses quälende Getratsche schadet unserer Sache! | Das Raumschiff ist betankt und startklar!", | tönte Robotrick schonungslos. |

„Ich kann deine Gestalt annehmen. | Niemand wird deine Abwesenheit bemerken", | schwor Mutander. | Das war die Lösung! | Mutander verwandelte sich | und vertrat nun Jonas in der Schule und bei seinen Eltern. |

Jonas schob sich in den schmalen Schalensitz. | Das Raumschiff konnte sprechen | und erklärte ihm alles. | Das sparte viel Zeit. | „Na schön! | Lasst uns auf die Tube drücken!", | rief Jonas wenig später begeistert. | So ein Spaß! | Mit voller Schubkraft zischten sie davon.

(135 Wörter)

Abflug!

Schreibe das Diktat ab!

2 Die eisernen Fieslinge des Moorplaneten
Lange Vokale 2

Regel 1

Nach einem **Diphthong** steht in den meisten Fällen **kein Dehnungs-*h*.**

Beispiele

Baum	*glauben*	*laufen*	*rau*
Leine	*verweilen*	*reiben*	*leise*
Freude	*streunen*	*bereuen*	*treu*
Geläute	*aufbäumen*	*träumen*	*häuslich*

Notlandung auf dem Moorplaneten

Auf einmal tauchte ein außergewöhnlich | scheußlicher Moorplanet vor ihnen auf. | Da heulte auch schon der Alarm auf. | Jonas wurde bleich! |

„Was ist denn los?“, | schrie er laut. | „Treibstoffdüsen verstopft“, | meldete Tandor, das sprechende Raumschiff. | Beherzt konnte Jonas einen der Steuerknüppel greifen. | Prinzessin Supra riss entsetzt die Augen auf. |

„Keine Panik“, | meinte Jonas. | „Wir gleiten ganz vorsichtig hinunter.“ | Das Raumschiff streifte noch zwei Bäume, | dann setzte es auf. | Polternd schleifte Tandor über den rauen Waldboden. | „Ich kann das kaum glauben!“, | jubelte Robotrick, | als sie endlich stehen blieben. | Das war eine Meisterleistung! |

Supra fiel Jonas um den Hals. | Jonas zeigte nicht, | dass ihm das peinlich war. | „Einer muss raus und die Treibstoffdüsen reinigen!“, | sagte er eilig. | „Da hinaus?“, | schauderte Supra | und schaute sich die schleimigen Schlingpflanzen an. | „Ich geh raus!“, | sagte Robotrick mutig. | Doch darauf wurde es wirklich heikel.

(137 Wörter)

Abflug!

Schreibe die blauen Wörter ab und ordne sie in einer Tabelle nach den Diphthongen *au, ei, eu, äu*!

Regel 2

Lange Vokale werden häufig ohne Dehnungs-*h* geschrieben. In manchen Fällen werden die **Vokale verdoppelt**.

Beispiele

Saal	*Haar*	*Paar*	*aalen*
Seele	*Beet*	*Fee*	*leeren*
Moor	*Boot*	*Moos*	*ausbooten*

Teil 2

„Achtung: Blechfresser!"

Sie waren an einem Seeufer gelandet. | Tandor sank im Moorboden ein. | Von den Urwaldpflanzen tropfte ein teeriger Beerensaft herab. |

„Um Haaresbreite wären sie ins Wasser gekippt", | dachte Jonas. | Aber die feenhafte Supra beruhigte ihn, | Tandor könne schwimmen. |

„So was Doofes! | Wir müssen schnellstens weg!", | schrie plötzlich Robotrick, | der draußen versuchte, | die Antriebsdüsen vom Moos zu befreien. | Ein geteerter Speer mit Seilen dran hatte ihn getroffen. | Robotrick klebte fest. |

Was war das? – | „Blechfresser! | Ein ganzes Heer! | Die eisernen Aasgeier dieses Planeten", | erklärte das Raumschiff seelenruhig. | Supra ängstigte sich, | ob die Blechfresser ihren Begleiter nun auffressen würden. | Schon wickelten die aalglatten Blechfresser | Robotrick in ihre Stricke ein. |

Jonas hatte eine Idee. | Hauptsache, die Antriebsdüsen waren wieder frei. | „Bis auf ein paar Fetzen sind sie geleert. | Bin voll einsatzbereit!", | sagte Tandor. |

Robotrick durfte nicht im Stich gelassen werden.

(135 Wörter)

Abflug!

Schreibe die blauen Wörter ab und ordne sie in einer Tabelle nach den Doppelvokalen *aa, ee, oo*!

Regel 3

Der **lange *i*-Laut** wird meistens ***ie*** geschrieben. Es gibt nur wenige Wörter mit einfachem *i*, *ih* oder *ieh*.

Beispiele

Glieder	*kriegen*	*nie*	*niedrig*
Liebe	*frieren*	*viel*	*fies*
Sieb	*schießen*	*wie*	*zierlich*

Teil 3

Robotricks Befreiung

Jonas hatte nur ein Ziel: | Niemals würde er fliehen | und Robotrick diesen miesen Blechfressern überlassen. | „Sind diese fiesen Krieger aus Eisen?", | fragte Jonas. | „So ziemlich alles an ihnen", | meldete Tandor. |

Jonas startete die Antriebsdüsen. | Zuerst blies es die letzten Moosfetzen heraus, | aber dann liefen die Motoren wieder einwandfrei. | „Was hast du vor?", | rief die liebliche Prinzessin Supra. | Jonas erklärte siegessicher, | dass er diese widerlichen Biester | ins Wasser ziehen wolle. | Jonas ließ Tandor | mit hoher Geschwindigkeit in den See schießen. |

Die eisernen Blechfresser verwickelten sich | tatsächlich selbst in ihren Seilen | und fielen ins Wasser. | Robotrick aber hielt sich an Tandor fest | und vermied es, | Wasserspritzer abzukriegen. |

Die Blechfresser rosteten sofort. | Mit quietschenden Eisengliedern krochen sie aus dem Wasser. | Anschließend fielen die Widerlinge | am Ufer nieder, | wo sie niesend liegen blieben. |

Robotrick stieg ins Raumschiff | und sie flogen davon.

(137 Wörter)

Abflug!

Schreibe das Diktat ab!

3 Die Wassernixe im Seerosenteich

ss oder *s* oder *ß*?

Regel 1

Der *s*-Laut wird **nach kurzem Vokal** meist *ss* geschrieben.

Beispiele

Fass	*Wissen*	*verbissen*	*krass*
Wasser	*Kuss*	*vergessen*	*wässrig*
Masse	*Hass*	*hässlich*	*blass*

Teil 1

Tauchfahrt zum Wasserkönig

Prinzessin Supra wusste von einem vergessenen Königreich | auf einem Stern, | dessen Flüsse einst über die Ufer getreten waren. | Mit ihren Wassermassen hatten sie | alles Land unter sich begraben. | Supra dachte verbissen, | dass der alte Wasserkönig | etwas über ihren Vater wissen müsste. |

Seit Stunden tauchten sie mit ihrem Raumschiff Tandor | unter der Wasseroberfläche, | um das versunkene Schloss zu finden. | Die Wasserleute waren eine friedliche Rasse, | aber sehr verspielt, | manchmal eine richtige Rasselbande. |

Supra vermisste ihren Vater, | den König Galaktikus, sehr. | Sie streichelte ihr Kuscheltier Schnuppe. | Jonas fasste Supra bei der Hand | und gemeinsam schauten sie angestrengt | in die Unterwasserwelt hinaus. |

Plötzlich musste Tandor scharf bremsen! | Vor ihnen rasselte ein schweres Eisentor herunter. | „Keine Angst!“, | sagte Supra gelassen. | „Wir sind da! | Sobald mich die Wasserleute erkennen, | lassen sie uns in das Korallenschloss.“ |

Und tatsächlich: | Die Willkommensfahne wurde gehisst.

(136 Wörter)

Abflug! **Schreibe die blauen Wörter im Diktat ab!**

Regel 2

Der *s*-Laut wird **nach langem Vokal** *s* oder *ß* geschrieben:
Wird das *s* **stimmlos** gesprochen, steht meistens ***ß***.
Wird das *s* **stimmhaft** (gesummt) gesprochen, steht meistens ein einfaches ***s***.

Beispiele

Blase	*sausen*	*Straße*	*grüßen*
Reise	*rasen*	*Soße*	*süß*
Wesen	*lösen*	*Spaß*	*bloß*

Teil 2

Spaß im Korallenschloss

Das Korallenschloss war viel größer, | als man von außen meinte. | Es gab darin hell erleuchtete Straßen, | gleißend weiße Türme, | deren Spitzen man | mit bloßem Auge nicht mehr sehen konnte. | Das Schloss wurde von einer riesigen Luftblase umschlossen. |

Jonas steckte seine Nase über den Rand der Einstiegsluke | und vergaß für einen Augenblick | den Grund ihrer Reise. | Da hüpfte Schnuppe, | Supras Schoßtierchen, | ins Freie und sauste die Straße entlang. |

Schnell raste Jonas hinterher. | Als er Schnuppe endlich einfangen konnte, | stolperte er und fiel in den königlichen Seerosenteich. | Zum Glück waren die Wasserleute von freundlichem Wesen. | Der Junge in den nassen Hosen | war für sie ein Riesenspaß. |

Da lachte endlich auch mal Supra ganz losgelöst. | Ihr süßes Lachen ließ alle | den Ernst ihres Besuches vergessen. | Nur eine kleine Wassernixe | schaute beinahe böse auf Jonas, | weil er sie noch nicht begrüßt hatte.

(138 Wörter)

Abflug!

Lies das Diktat laut und achte auf die Aussprache der *s*-Laute!

Regel 3

Der *s*-Laut wird **nach einem Konsonanten** immer *s* geschrieben.

Beispiele

Fels	*bremsen*	*winselnd*	*als*
Insel	*hopsen*	*flapsig*	*längst*
Krebs	*grinsen*	*emsig*	*eins*

Teil 3

Der Wasserkönig wird zornig

Wäre Jonas nur nicht in den Teich geplumpst! | Die kleine Wassernixe mit der Stupsnase | verliebte sich deswegen in ihn. | Jonas grinste, | kratzte seinen Hals | und hopste flapsig aus dem Seerosenteich. | Aber die kleine Nixe schwamm ihm emsig hinterher. |

Supra wechselte derweil | mit dem Wasserkönig ein paar Worte. | Der krötenhafte Klops | thronte auf seinem Felsen, | konnte ihr aber nichts über ihren Vater sagen. | Dafür reichte er Krebse und Algenschnaps | und Tangwein gegen den Durst. |

Als der Wasserkönig hörte, | seine kleine Wassernixe habe sich in Jonas verliebt, | verfinsterte sich seine Miene! | Er hatte längst den dicken Wels | als Bräutigam für sie eingeheimst! | Japsend schlug er mit der Ferse auf, | dass es nur so rumste. |

Da verabschiedeten sie sich schleunigst | und verließen den Wasserplaneten. | Die kleine Nixe aber schaute seither | nachts in den Sternenhimmel und hoffte, | Jonas käme einst wieder.

(137 Wörter)

Abflug!

Schreibe das Diktat ab!

4 Hilflos verloren im Weltall
Doppelkonsonant oder nicht?

Regel 1

Ein **Doppelkonsonant** steht nur **nach** einem **kurzen Vokal**, der **betont** ist.

Beispiele

*We**tt**e*	*Pu**pp**e*	*tre**nn**en*	*ne**tt***
*Ra**tt**e*	*Re**nn**en*	*kna**ll**en*	*stu**mm***
*Zi**mm**er*	*Ha**ll**e*	*schwi**mm**en*	*beka**nn**t*

Teil 1

Der Treibstoff geht zur Neige

Supra, ihr Kuscheltier Schnuppe und Jonas | futterten Weltallpudding. | Der knallte und blubberte, | so viel Kraft steckte in ihm. | Inzwischen hatte Jonas | in Prinzessin Supra und Robotrick neue Freunde gefunden. | Ihr spannender Flug durchs Weltall | führte Jonas zu immer neuen, unbekannten Welten. |

Da erschallte Tandors Stimme und gab bekannt, | dass ihnen der Treibstoff auszugehen drohte. | „Das hätten wir nicht verpennen dürfen", | jammerte Robotrick, | der seine Schmierstellen mit einem Kännchen Öl füllte. | Sie mussten beginnen, | alle Stromreserven zu sammeln. | Alles, was nicht benötigt wurde, | trennten sie von Tandors Stromzellen. | Aber obwohl sie die Stromversorgung schnell abklemmten, | wurde das Summen und Brummen | in den Antriebsdüsen immer leiser. |

„Hoffentlich schaffen wir es bis zum nächsten Planeten", | plapperte Robotrick und zappelte aufgeregt. | Dann verstummten die Antriebsdüsen endgültig. | Supras Stimme zitterte, | als sie alle daran erinnerte, | dass sie niemals aufgeben wollten.

(135 Wörter)

Abflug! **Nimm das Diktat auf und schreibe es dann als Selbstdiktat!**

Regel 2

Ein **Doppelkonsonant** steht **nie nach** einem **langen Vokal** oder einem **Diphthong**.

Beispiele

Baum	*staunen*	*Rate*	*jagen*
Anleitung	*leiden*	*Besen*	*gewesen*
Häuser	*versäumen*	*Bote*	*verknoten*
Eule	*heulen*	*Puder*	*trudeln*

Ein Feuerball rast an

Wenigstens konnte Tandor, | das sprechende Raumfahrzeug, | auf der Stelle schweben. | Wenn sie jetzt ins Trudeln kämen! | Ein Absturz wäre nämlich ihr sicherer Tod gewesen. |

Robotrick las in der Bedienungsanleitung, | was in ihrem Fall zu tun sei. | Sie hatten Tandor verboten zu sprechen, | damit er seine Batterien schonen konnte. |

„Wenn wir alle Batterien miteinander verknoten, | bekommen wir dann genügend Strom?", | grübelte Supra. | Da hörte sie Robotrick leise maulen, | nun würde nur noch beten weiterhelfen. |

„Gefahr aus Süden!", | warnte Tandor trotz Redeverbot. | Sie schauten auf den Radar | und dann aus dem Bugfenster. | Da konnten sie nur noch staunen: | Sie sahen einen riesigen | roten Kometen auf sich zurasen. |

Jonas rieb seinen Daumen. | Das tat er immer, | wenn er angestrengt grübelte. | Über eine gute Idee wäre er heilfroh gewesen. | Aber leider fiel ihm diesmal nichts ein. | Die Zeit lief davon.

(136 Wörter)

Abflug!

Schreibe die blauen Wörter mit einem Diphthong ab!

Regel 3

Ein **Doppelkonsonant** steht nach einem betonten kurzen Vokal nur dann **nicht**, wenn **im Wortstamm** noch **ein weiterer Konsonant** folgt (Konsonantenhäufung).

Beispiele

Hand	*Herz*	*Kind*	*Kurs*
park-en	*werk-eln*	*torkel-n*	*grunz-en*
hart	*end-gültig*	*oft*	*uns-er*

Teil 3

Rettung aus dem Kühlschrank

„Diesen Kurs nicht halten!", | warnte Tandor erneut. | Doch es war unmöglich, | jetzt die Triebwerke zu starten. | Der Kraftstoff war bis auf den letzten Tropfen aufgebraucht. | Sie saßen wirklich in der Tinte! |

Robotrick hastete an den Sicherungskasten | und knipste wild herum. | Aber dieses Herumwerkeln nutzte natürlich nichts. | Im Gegenteil! | Das Raumschiff begann zu torkeln. | „Das ist unser Ende", | grunzte Robotrick ängstlich. |

„Warte mal, Kumpel!", | rief Jonas plötzlich. | „Wir parken hier nicht mehr lange!" | Jonas raste zum Kühlschrank | und angelte den Weltraumpudding heraus. | Was wollte er denn damit bewirken? |

Jonas schubste Robotrick zur Seite | und manschte den Pudding | in den Einfüllstutzen des Tanks. | Dann wartete er kurz | und warf endlich die Triebwerke an. | Die rumpelten erst heftig, | aber dann heulten sie auf. | Tandor jagte davon, | gerade als der Komet einschlagen wollte. |

„Pudding gibt Kraft", | grinste Jonas.

(134 Wörter)

Abflug!

Schreibe das Diktat ab!

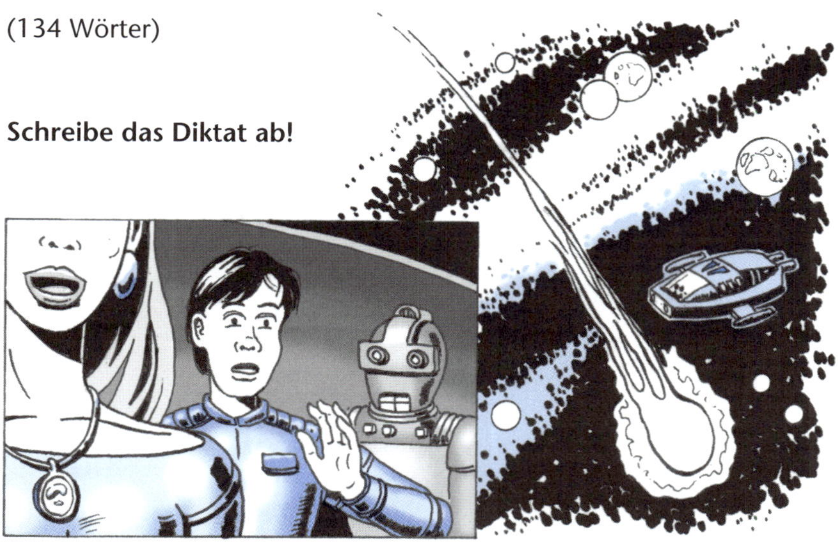

5 Ein Tankleck trotz Panzerung

z-Laut und *k*-Laut

Regel 1

ck bzw. ***tz*** steht nur **nach** einem **kurzen betonten Vokal.**

Beispiele

Trick	*wecken*	*Schutz*	*kratzen*
Druck	*backen*	*Trotz*	*hetzen*
Acker	*knacken*	*Dutzend*	*putzen*

Teil 1

Als Maulwurf unterwegs

Robotrick wollte | mit den glitzernden Kristallen eines Sternes | ihr Raumschiff betanken. | Jonas, Prinzessin Supra und Schnuppe | hielten ein Nickerchen | und schlummerten wie die Ratzmäuse, | während Robotrick Tandor ins Innere des Sternes steuerte. |

Mit gewetzten Bohrern kratzte Tandor | an den Gesteinsbrocken | und rückte so immer tiefer in den Stern hinein. | Der Druck und die Hitze nahmen schrecklich zu. | Das weckte Jonas auf. | Erschrocken glotzte er | durch das Bugfenster nach vorn, | wo Tandor Schmutz und Dreck zerhackte. | Stück für Stück schob sich das Raumschiff | durch die gelockerten Ritzen. |

Jonas schwitzte. | Müssten sie bei dieser Hitze nicht bald verbrutzeln? | Aber Robotrick blieb trotzig sitzen: | In Tandor wären sie geschützt. |

Da knackte es laut! | Tandor entdeckte im Schutzpanzer seiner Antriebsdüsen | ein klitzekleines Leck. | Robotrick stutzte: | Im nächsten Augenblick könnten sie in der Klemme sitzen. |

So kam es auch: Tandor blieb stecken.

(137 Wörter)

Abflug!

Schreibe die blauen Wörter mit *ck* im Diktat ab!

Regel 2

ck bzw. ***tz*** steht **nie nach** einem **Konsonanten,** einem **langen Vokal** oder einem **Diphthong.** In diesen Fällen schreibt man nur ***k*** bzw. ***z***.

Beispiele

Ozean	*duzen*	*Laken*	*ekeln*
Panzer	*schwarz*	*Schrank*	*bewirken*
Schnauze	*reizen*	*Pauke*	*schaukeln*

Teil 2

„Wir sitzen fest!"

Das war eine schwarze Stunde! | Tandors Bohrkranz steckte ganz fest im Gestein. | Das sprechende Raumschiff | bewegte sich keinen Zentimeter mehr. |

„Null Prozent Energie im Tank!", | meldete Tandor. | Robotrick winkte Jonas herbei. | Der Druck des Gesteins | würde ihnen bald gehörig einheizen. | Prinzessin Supra glaubte zuerst an einen Scherz. | Aber Robotrick versicherte, | er würde ihr nichts vorgaukeln. | Da erschrak Supra | und wurde weiß wie ein Laken. | Sie sank fast zu Boden. |

Schnell schenkte Jonas ihr zu trinken ein. | Da ordnete Supra ihren königlichen Haarkranz | und fragte mit glänzenden Augen: | „Jonas, hast du denn keine Idee?" | Jonas sagte ehrgeizig: | „Keine Angst, Prinzessin, | wir schaffen das. | Und dann gibt es einen Freudentanz!" | Da lächelte sie schon wieder ganz reizvoll. |

„Zuerst brauchen wir einen blanken Kristall für den Tank", | sagte Robotrick. | „Und dann etwas, | womit wir das Leck verschließen können", | ergänzte Jonas.

(137 Wörter)

Abflug!

Schreibe das Diktat ab!

Regel 3

Die Doppelkonsonanten *zz* und *kk* gibt es **nur in Fremdwörtern**. Diese wenigen Wörter lernst du am besten auswendig.

Beispiele

*Bro**kk**oli*	*Mo**kk**a*	*Interme**zz**o*	*Ra**zz**ia*
*A**kk**ordeon*	*Sa**kk**o*	*Pu**zz**le*	*Ski**zz**e*
*A**kk**u*	*Ma**kk**aroni*	*Pi**zz**a*	*Ja**zz***

Teil 3

Ein genialer Plan

Jonas, Supra und Robotrick | wollten sich so schnell nicht geschlagen geben. | Jonas rieb ungeduldig an seinem Daumen. | Endlich hatte Jonas eine geniale Idee. |

Schnell skizzierte er seinen Plan, | der so knifflig wie ein Puzzle war: | Robotrick sei ja schließlich kein Fuzzi. | Mit seinem Akku könnte er | kurzfristig Tandors Bohrkranz antreiben, | um einen Kristall herauszubrechen. | Bei der sich anschließenden kleinen Trekkingtour | müssten sie den Kristall in den Tank schaffen | und Tandor wäre wieder startklar. | Danach könnten sie Robotricks Akku | über Tandors Steckdosen wieder aufladen. |

„Und das Leck in den Antriebsdüsen?“, | fragte Prinzessin Supra. | „Kleben wir mit Lakritze zu!“, | grinste Jonas. | Und so geschah es. |

Alles klappte tatsächlich so, | wie Jonas es gesagt hatte. | Beim anschließenden Fest an Bord | gab es Pizza mit Brokkoli, | Robotrick spielte auf einem Akkordeon Weltall-Jazz | und Supra reichte süßen Mokka.

(133 Wörter)

Abflug!

Schreibe die blauen Wörter ab und ordne sie in einer Tabelle nach *kk* und *zz*!

6 Das einäugige Scheusal
Schwierige Laute

Regel 1

Den Unterschied zwischen *ei* und *ai* kann man nicht hören. In den **meisten** Fällen schreibt man ***ei***. Die wenigen Wörter mit ***ai*** musst du dir merken.

Beispiele

Mai	*Kaiser*	*kaiserlich*	*Laie*
ein Laib Brot	*Waise*	*verwaist*	*Details*
Hai	*am Kai*	*zart besaitet*	*Thailand*

Teil 1

Landung im Frachthafen

Im Weltall gab es | einen riesigen Flughafen für Raumschiffe. | Prinzessin Supra wünschte, | dass Jonas Tandor dorthin steuere. |

„Dieser Flughafen ist aber nur für Frachtschiffe", | sagte Robotrick. | „Kaiserliche Hoheit, | das ist nichts für zart besaitete Prinzessinnen!" | Aber diese Details interessierten Supra nicht. | Also steuerte Jonas das Raumschiff in den Flughafen hinein. |

Langsam schwebten sie über einen Birkenhain hinweg, | bis sie am Kai | zwischen zahlreichen Raumfrachtern | eine freie Stelle zum Anlegen entdeckten. |

„Hier gibt es nur tonnenweise Maiskuchen | für das baldige Maifest, | aber keine Spur von König Galaktikus", | klagte Robotrick, | der mit seinen Röntgenaugen die Lagerhäuser durchleuchtete. | „Dann kaufen wir jetzt einen Laib Brot", | bestimmte Supra und stemmte ihre Hände in die Hüfte. | „Wenn ich schon verwaist bin, | will ich nicht auch noch verhungern!" |

Sie gingen zu einem gefährlich aussehenden Weltraumhändler, | dessen breites Maul | Jonas an einen Hai erinnerte.

(137 Wörter)

Abflug!

Schreibe die blauen Wörter ab!

Regel 2

Wortfamilienregel: Wenn du nicht weißt, ob du *e* oder *ä* bzw. *eu* oder *äu* schreiben musst, kannst du bei **verwandten Wörtern** abgucken. Zu den Wörtern mit ***ä*** bzw. ***äu*** findest du oft ein verwandtes Wort mit ***a*** bzw. ***au***.

Beispiele

*überz**eu**gt*	→ *Z**eu**gnis*	*sch**äu**men*	→ *Sch**au**m*
*kr**ä**ftig*	→ *Kr**a**ft*	*w**e**stlich*	→ *W**e**sten*
*H**ä**ndler*	→ *H**a**ndel*	*bl**äu**lich*	→ *bl**au***

Teil 2

Der Weltraumhändler will handeln

Der Weltraumhändler trug eine bläuliche, | glänzende Rüstung | und stank scheußlich. | Er war ein einäugiger Räuber, | der in seinem verbeulten Frachtschiff | ganze Knäuel der seltsamsten Schätze anhäufte. |

„Igitt!“, | ekelte sich Robotrick. | Auch Jonas freute sich nicht echt, | als sie dem Teufel in das Raumschiff folgten. | Es roch nach Fäulnis | und im Frachtraum schenkte er ihnen | ein stinkendes Gebräu ein. | Er wollte mit Supra Geschäfte machen. |

„Wo sind seine Gefährten?“, | fragte Jonas. | „Ich fürchte, er hat sie alle gefressen! | Das geschieht recht häufig“, | meinte Robotrick. |

Supra streute goldenen Sternenstaub aus ihrem Beutel. | Den wollte sie dem Kerl geben, | wenn er ihr heute sagen würde, | wo das Versteck des bösen Generals Zork wäre. | Da bäumte sich das Scheusal auf | und wischte sich über sein feuchtes Maul. |

„Ich will dieses Zeug nicht. | Veräußere mir deinen Freund, den Roboter!“, | lachte er abscheulich.

(137 Wörter)

Abflug!

Lies das Diktat laut und achte dabei auf eine genaue Aussprache von *e*, *ä*, *eu* und *äu*! Danach schreibst du alle blauen Wörter mit *e* und *eu* in eine Liste ab!

Regel 3

Vor allem am Ende eines Wortes (oder einer Silbe) hört man den Unterschied zwischen ***d*** und ***t***, ***b*** und ***p*** sowie ***g*** und ***k*** nicht. Hier gibt es mehrere Schreibhilfen:
Verlängern des Wortes, **Bildung** einer **anderen Form** des Wortes (z. B. des Infinitivs) oder das Abgucken bei **verwandten Wörtern**.

Beispiele

Musik → *Musiker*	*Typ* → *Typen*	*Blut* → *bluten*
Tank → *tanken*	*Klebstoff* → *kleben*	*Wand* → *Wände*
waagerecht → *Waage*	*löblich* → *Lob*	*blindlings* → *Blinder*

Teil 3

Supras List klappt

„Ich bleib niemals bei dieser Satansbrut!", | gab Robotrick erschrocken von sich. | Da wurde der Unhold rot vor Zorn | und schlug wütend mit seiner schuppigen Hand | auf seinen Schatzberg aus altem Plunder und Krimskrams. |

Supra war wohl taub und blind! | Denn unbeeindruckt und voller Anmut versuchte sie, | den grimmigen Räuber | mit einem Lob für seinen Mut zu besänftigen. | Da sank er wieder in seinen Sessel | und tat friedlich. |

„General Zork versteckt sich in der schwarzen Burg", | sagte das Monster zu Prinzessin Supra ganz lieb. | „Bekomme ich jetzt deinen Roboter?" | Da blies ihm Supra den Sternenstaub in sein einziges Auge, | sodass er nichts mehr sehen konnte. | „Schnell raus hier!", | rief Supra laut. | Ihre Freunde verstanden auf Anhieb. |

„Behalte das Gold!", | lachte Supra, | als sie in ihr Raumschiff einstieg. | Der Räuber fluchte wild, | aber er konnte nichts machen.

(135 Wörter)

Abflug!

Nimm das Diktat auf und achte dabei besonders auf die Wortendungen! Danach schreibst du es als Selbstdiktat!

7 Auf dass die paar Helden widerstehen

Achtung: Verwechslungsgefahr!

Regel 1

Die **Ersetzungsprobe** hilft dir zu entscheiden, ob du *das* oder *dass* schreiben musst.
das ist immer ersetzbar, entweder durch ***dieses*** oder ***welches***.
Die Konjunktion ***dass*** ist **nicht ersetzbar**.

Beispiele

Das *Rätsel,* ***das*** *ich gerade löse, ist knifflig.*
→ ***Dieses*** *Rätsel,* ***welches*** *ich gerade löse, ist knifflig.*

Ich sagte, ***dass*** *ich ein kniffliges Rätsel löse.*
Hier ergibt die Ersetzung mit ***dieses*** oder ***welches*** keinen Sinn
→ *dass* mit ***ss***.

Teil 1

Angst bei der Ankunft

Das sprechende Raumschiff Tandor | erreichte das finstere Reich des Bösen. | Jonas fühlte, | dass es jetzt gefährlich wurde. | Das sah man an dem schwarzen Nebel, | der das Raumschiff umhüllte. |

„Das ist also das Zuhause des bösen Generals Zork", schauderte Robotrick. | Er zitterte so, | dass Jonas seine Schrauben scheppern hörte. | Aber das konnte Jonas gut verstehen. | Auch ihm gefiel das hier nicht. |

„Dass wir jetzt umkehren, | das kommt überhaupt nicht infrage. | Das sage ich euch", | bestimmte Prinzessin Supra. | Das meinte sie ernst. | „Das ist auch nicht mehr möglich", | sagte Jonas. | „Dieser schwarze Nebel ist so dicht, | dass ich die Orientierung verloren habe." | „Das musste ja passieren", | klagte Robotrick. |

Da schrillten die Alarmglocken, | dass es nur so dröhnte. | „Was ist das?", | erschrak Jonas. | „Das ist die schwarze Burg des bösen Generals", | meldete das sprechende Raumschiff.

(132 Wörter)

Abflug!

Schreibe das Diktat ab und ersetze dabei *das* durch *dieses* oder *welches*!

Regel 2

Achte auf die **Bedeutung**!
Man schreibt ***wieder***, wenn ***erneut*** bzw. ***noch einmal*** oder auch ***zurück*** gemeint ist.
Man schreibt ***wider***, wenn ***gegen*** oder ***entgegen*** gemeint ist.

Beispiele

wieder *vereinigen*	***Wieder****holung*	***wider****borstig*	***Wider****spruch*
wieder*sehen*	***Wieder****wahl*	***wider****streben*	***Wider****willen*
wieder *erkannt*	***Wieder****kehr*	***wider****setzen*	***Wider****sacher*

Teil 2

Meldung: König Galaktikus

Die schwarze Burg schwebte bedrohlich im dunklen Nebel. | Jonas, Prinzessin Supra und Robotrick | verspürten argen Widerwillen, | in das dunkle Tor zur Landebahn einzutauchen. | Sollten sie nicht lieber wieder umkehren? |

Supra grübelte abwesend, | ob sie ihren Vater hier wiedersehen würde. | „Soll ich landen?“, | wiederholte Jonas seine Frage. | „Es widerstrebt uns allen, | aber wir müssen uns unserer Angst widersetzen“, | sagte Supra. |

„König Galaktikus ist in der schwarzen Burg“, | meldete Tandor. | „Aber ich registriere auch seinen Widersacher, | den bösen General!“ | Supra blickte Jonas tief in die Augen: | „Angst?“ | Jonas konnte nicht widersprechen. | Was ihnen auch widerfahren würde, | nie wieder sollte ihn jemand einen Angsthasen nennen. | „Wir werden deinen Vater befreien. | Und er wird seine Herrschaft wiederherstellen!“ |

„Wir brauchen nicht hineinzufliegen. | Wir können uns außen mit einem Widerhaken festkrallen“, | überlegte Robotrick. | Eine gute Idee! | So würde sie keiner bemerken.

(136 Wörter)

Abflug!

Schreibe das Diktat ab!

Regel 3

Achte auf die **Bedeutung**!
Das Substantiv ***Paar*** bezeichnet **zwei** Exemplare, die **zusammengehören**.
Kleingeschrieben ist ***paar*** eine Mengenangabe im Sinne von ***einige***, das heißt *zwei* oder *mehrere*.

Beispiele

*ein **P**aar Schuhe*	*ein **p**aar Stunden*
*ein **P**aar Würste*	*ein **p**aar Meter*
*ein (Hochzeits-)**P**aar*	*ein **p**aar Versuche*

Teil 3

Geheime Landung

Jonas flog bis auf ein paar Zentimeter | an die Außenwand der schwarzen Burg heran. | Dann krallte sich Tandor | mit einem kräftigen Paar Widerhaken fest. |

Ein paar Minuten warteten sie, | ob ihre Landung bemerkt worden war. | Aber nichts geschah. | „Du hast immer wieder ein paar gute Ideen!“, | lobte Supra ihren Roboter. | „Hab ich doch schon ein paar Mal / paarmal gesagt“, | erinnerte Robotrick, | der im Raumschiff warten musste. |

Jonas und Supra schlichen | die paar Meter bis zu einem Rohr, | das aus der schwarzen Burg ragte. | „Wir sind vielleicht ein verrücktes Paar!“, | sagte Jonas und schaute in das dunkle Rohr, das über ein paar Windungen | ins Innere der schwarzen Burg führte. |

„Nur Mut!“, | munterte Supra Jonas auf. | Sie gab ihm sogar | einen königlichen Kuss auf die Wange. | Dann kletterte das tapfere Paar hinein. | Ihre geheime Landung war geglückt.

(134 Wörter)

Abflug!

Nimm das Diktat auf und schreibe es dann als Selbstdiktat!

8 Chaotischer Krawall im Kamin
Fremdwörter

Regel 1

In **Fremdwörtern** wird der **lange *i*-Laut** meistens mit einfachem ***i*** geschrieben, z. B. in den **Endungen *-in*, *-ine*** und ***-iv***.
Die **Substantiv-Endung *-ie*** und die **Verb-Endung *-ieren*** schreibt man mit ***ie***.

Beispiele

Langer *i*-Laut im Fremdwort:

Mine	*Pinie*	*Linie*	*Familie*	*Diva*

Langer *i*-Laut in Endungen:

-in	-ine	-iv	-ie	-ieren
*Delf**in***	*Gard**ine***	*explos**iv***	*Allerg**ie***	*rad**ieren***
*Mediz**in***	*Mandar**ine***	*Detekt**iv***	*Fantas**ie***	*kap**ieren***

Teil 1

Ein Wächter im Kamin

Prinzessin Supra und Jonas hatten die schwarze Burg betreten. | Jetzt gab es keine Garantie mehr, | dass sie hier jemals wieder lebend herauskämen. | In der Dunkelheit spielte ihnen ihre Fantasie Streiche. | Aber darüber diskutierten sie nicht. | Keiner wollte sich wegen seiner Angst blamieren. |

„Warum riecht es hier denn so komisch?", | interessierte sich Supra. | „Wie Medizin | oder so ähnlich wie Benzin!" | Jonas roch es auch, | da kapierte er: | Sie befanden sich in einem Kamin! | „Das sind Abgase aus der Kohlenmine!", | erschrak Jonas. | „Wir müssen sofort raus. | Das ist hochexplosiv!" |

Plötzlich hörten sie ein relativ nahes Quietschen. | „Was ist das?", | rätselte Jonas. | Supra hielt Jonas fest | und sagte mit ernster Miene: | „Kaminputzer! | Aggressive Maschinenkäfer, | die alles pulverisieren, | was sich ihnen in den Weg stellt. | Die radieren uns aus, | ehe wir uns versehen!" |

„Wir müssen probieren, | sie auszutricksen!", | meinte Jonas.

(136 Wörter)

Abflug!

Schreibe das Diktat ab!

Regel 2

In **Fremdwörtern** wird der **w-Laut** selten mit ***w***, sondern meistens mit ***v*** geschrieben. Den Unterschied zwischen ***w*** und ***v*** kann man leider nicht hören.

Beispiele

Krawall	*Video*	*November*	*gravieren*
***W**igwam*	***V**ulkan*	*nervös*	*Havarie*
Krawatte	***V**olleyball*	*Manöver*	*Kavalier*

Teil 2

In Todesgefahr

Jonas starrte in den dunklen Kamin. | Da erkannte er vage | die grausige Gestalt eines Maschinenkäfers. | Jonas spürte, | wie ihm das Blut in den Venen gefror. | Das Biest krabbelte näher. |

„Der ist nicht zufällig Vegetarier?“, | versuchte Jonas zu witzeln. | Aber Supra hatte dafür keinen Nerv. | „Seine Videoaugen sehen uns auch im Dunkeln“, | sagte Supra nervös. | „Eventuell saugt er uns zuerst aus. | Das sind richtige Vampire!“ |

Jonas versuchte, | über Funk Robotrick zu erreichen. | „Robotrick, du musst uns evakuieren, | sonst macht der Kadaver Hackfleisch aus uns!“ | „Meine Röntgenaugen können ein Ventil im Kamin erkennen. | Ich navigiere euch hin“, | meldete Robotrick über Funk. | „Ihr müsst es zuerst öffnen. | Dann hievt ihr euch gegenseitig hinein.“ |

„Hör auf zu palavern!“, | schrie Jonas. | „In welche Richtung müssen wir denn?“ | Der Metallkiefer des Maschinenkäfers | schnappte kreischend nach ihnen | und machte dabei einen fürchterlichen Krawall.

(136 Wörter)

Abflug!

Lies das Diktat laut und achte auf die Aussprache der Fremdwörter!

Regel 3

In einigen **Fremdwörtern** wird der ***k*-Laut** mit ***c*** oder ***ch*** geschrieben.
Fremdwörter aus dem **Englischen** schreibt man häufig mit ***c***.
Die wenigen Fremdwörter mit ***ch*** am Wortanfang lernst du am besten auswendig.

Beispiele

c am Wortanfang, englisch:

***C**amping*	***C**ola*	***c**lever*	*Video**c**lip*

c am Wortanfang, nicht englisch:

***C**afeteria*	***C**amembert*	***C**lique*	***C**ousin*

ch am Wortanfang:

***Ch**arakter*	***ch**aotisch*	***Ch**or*	***ch**ronologisch*

Teil 3

Die glückliche Wandlung

Robotrick saß aufgeregt im Cockpit. | „Nach links! | Nein, nach rechts!", | schrie der Chaot in sein Funkgerät. | Jonas versuchte inzwischen, | cool zu bleiben. | Er durfte sich nicht darauf einlassen, | mit dem Maschinenkäfer zu catchen. | Denn gegen dieses Monstrum hätte er keine Chance. | „Robotrick, schnell, | entscheide dich! | Wohin?", | riefen Supra und Jonas im Chor. |

Da hatte Supra eine Idee! | Sie hatte etwas Creme in ihrer Gürteltasche dabei. | Als der Maschinenkäfer diese erkannte, | schnüffelten seine Computerfühler. | „Diese Creme hilft gegen deine quietschenden Gelenke!", | sagte Supra. | „Lass uns in Ruhe, | und ich schenke sie dir!" | Das war clever! | Der Maschinenkäfer ließ sich von Supras mitleidigem Charakter besänftigen. | Supra half ihm sogar, | seine schmerzenden Gelenke zu schmieren. |

Danach zeigte ihnen der Kaminputzer sogar das Ventil. | Supra und Jonas zwängten sich hindurch. | Jetzt sollte sie nichts mehr dabei aufhalten, | Supras Vater zu finden.

(137 Wörter)

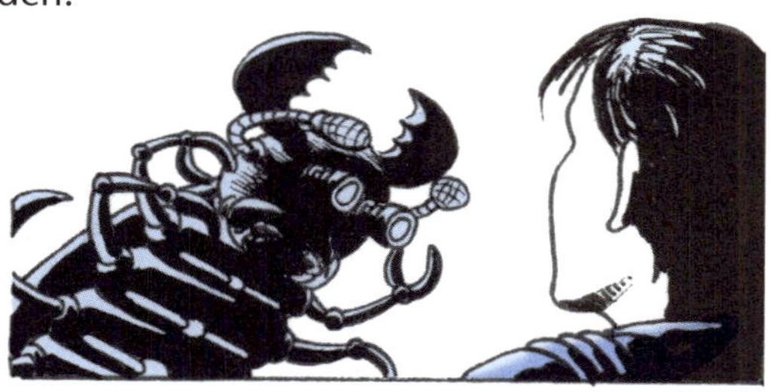

Abflug!

Schreibe die blauen Wörter im Diktat ab!

9 Die Mutigen wenden alles zum Guten

Groß oder klein? 1

Regel 1

Substantivierte Wörter schreibt man **groß**.
Ein **Verb** kann z. B. durch einen vorangestellten Artikel, eine Präposition, ein Adjektiv usw. zum Substantiv werden.

Beispiele

*das **N**iesen*	*beim **N**iesen*	*dein **N**iesen*	*lautes **N**iesen*
*das **S**ingen*	*beim **S**ingen*	*ihr **S**ingen*	*lautes **S**ingen*
*das **T**anzen*	*beim **T**anzen*	*dieses **T**anzen*	*flottes **T**anzen*

Teil 1

Auf Schleichpfaden in die schwarze Burg

Jonas und Prinzessin Supra versuchten, | beim Schleichen durch die dunklen Gänge der schwarzen Burg | keinen Laut von sich zu geben. | Doch beim Gehen traten sie immer wieder in Wasserpfützen. |

Immer tiefer ging es hinunter | und ihr Hoffen, | hier König Galaktikus zu finden, | wurde schwächer. | Prinzessin Supra fror | und Jonas bemerkte ihr Zittern. |

„Ich gebe dir einen Pfefferminz-Kaugummi", | bot Jonas an. | Damit würde man wenigstens | das Klappern ihrer Zähne nicht mehr hören. | Supra bedankte sich. | Doch beim Riechen der Pfefferminze | spürte Supra ein Kitzeln in der Nase. | Ihr lautes Niesen erschreckte sie beide. |

„Still!", | mahnte Jonas. | Sie wagten nicht mehr, | sich zu rühren. | Da spürten sie das Klopfen ihrer verängstigten Herzen. | „Hoffentlich hat dein Lärmen uns nicht verraten!", | flüsterte Jonas. |

Doch plötzlich lauschte Supra ganz aufmerksam. | Vom Ende des dunklen Ganges her | drang ein leises Schluchzen.

(135 Wörter)

Abflug! **Schreibe das Diktat ab!**

Regel 2

Substantivierte Wörter schreibt man **groß**.
Ein **Adjektiv** kann z. B. durch einen vorangestellten Artikel oder ein unbestimmtes Zahlwort wie *viel, wenig, etwas, alles* usw. zum Substantiv werden.

Beispiele

*der **N**eue*	*wenig **E**rfreuliches*	*So ein **B**öser!*
*die **T**apfere*	*viel **L**ustiges*	*Das ist eine **S**üße!*
*das **G**emeine*	*alles **W**ichtige*	

Teil 2

Die Entdeckung eines Gefangenen

Prinzessin Supra hielt Jonas an der Hand. | Jonas schluckte. | So eine Süße! | Die Hübsche fürchtete sich. | Würde da wieder etwas Schreckliches auf sie lauern? |

Jonas nahm seinen ganzen Mut zusammen. | Dass in der schwarzen Burg | nicht viel Gutes auf sie warten würde, | war ja nichts Neues. | Langsam schlichen sie weiter. | Das Schluchzen wurde deutlicher. |

Schließlich erreichten die Tapferen das Ende des Ganges. | Sie kamen in eine Höhle. | Da konnten sie nicht weiter, | denn das Gemeine war, | dass ab hier tiefes Wasser stand. | Am anderen Ende der Höhle, | für die Ratlosen unerreichbar, | ragte eine kleine Insel aus der stinkenden Brühe. | Auf der Insel saß jemand, | ganz traurig in sich zusammengesunken. | Den Armen hatten sie die ganze Zeit weinen hören. |

„Aber das ist ja mein Papa!", | rief plötzlich Prinzessin Supra. | Die Glückliche fiel Jonas um den Hals.

(135 Wörter)

Abflug!

Schreibe die Sätze mit den blauen Wörtern ab!

Regel 3

Substantivierte Wörter schreibt man **groß**.
Dies gilt auch für Adjektive, Partizipien und in festen **Redewendungen**.

Beispiele

*im **Ü**brigen*	*im **F**olgenden*	*im **A**llgemeinen*
*im **D**unkeln tappen*	*im **A**rgen liegen*	*das einzig **R**ichtige*
*das **W**eite suchen*	*auf die **S**chnelle*	*zum **B**esten geben*

Teil 3

Die Rettung des Königs Galaktikus

König Galaktikus strahlte, | als er Supra erkannte. | Nun würde sich alles zum Guten wenden. |

Supra dachte, | im Großen und Ganzen hätten sie es geschafft. | „Das einzig Richtige ist jetzt, | alles Mögliche zu tun, | um mit deinem Vater sofort zum Raumschiff zu gehen“, | belehrte sie Jonas eines Besseren. | „Sonst ziehen wir doch noch den Kürzeren!“ |

Auf die Schnelle war es aber nicht möglich, | das Weite zu suchen. | König Galaktikus konnte nämlich nicht schwimmen. | Da ging Jonas aufs Ganze! | Er klebte sich Kaugummi an Hände und Schuhe | und konnte so an der Wand entlang zur Insel krabbeln | – wie eine Fliege. | Dort reichte Jonas dem König Galaktikus | fünfzehn Päckchen Kaugummi, | damit er auf dieselbe Weise die Insel verlassen konnte. |

Anschließend umarmte Supra ihren Papa. | „Nichts wie weg! | In der schwarzen Burg liegt zu viel im Argen“, | gab Jonas zum Besten.

(137 Wörter)

Abflug!

Schreibe das Diktat ab!

10 Alles zu seiner Zeit
Groß oder klein? 2

Regel 1

Die **Tageszeiten** *Morgen, Mittag, Nachmittag, Abend* usw. schreibt man in Verbindung mit *gestern, heute, übermorgen* usw. **groß**.

Beispiele

vorgestern ***M****orgen*	*vorgestern* ***A****bend*
gestern ***V****ormittag*	*gestern* ***N****achmittag*
heute ***M****ittag*	*heute* ***M****orgen*
morgen ***N****achmittag*	*morgen* ***M****ittag*
übermorgen ***A****bend*	*übermorgen* ***V****ormittag*

Teil 1

König Galaktikus ist an Bord

Die Flucht aus der schwarzen Burg war ihnen gelungen, | ohne dass der böse General dies bemerkt hätte. | Überglücklich saßen jetzt alle | im sprechenden Raumschiff Tandor, | das seit vorgestern Abend | mit seinen Widerhaken an der schwarzen Burg hing. |

„Ich hätte es gestern Morgen noch nicht geglaubt, | dass ich dich schon heute Mittag | auf Tandor willkommen heißen kann“, | lachte Prinzessin Supra. | „Ich hatte dagegen schon heute Morgen ein sehr gutes Gefühl“, | sagte Robotrick. | Darüber mussten alle lachen. |

König Galaktikus klopfte Jonas auf die Schulter. | Ohne Jonas hätten sie es nie geschafft. | „Ich freue mich, | dich morgen Nachmittag | in meiner königlichen Weltraumstadt begrüßen zu dürfen“, | sagte König Galaktikus. | Jonas schaute verlegen zur Prinzessin. | Supra lächelte ihn stolz an. | Da wurde Jonas rot. |

„Doch zuerst müssen wir noch heute Abend | den bösen General für immer unschädlich machen!“, | bestimmte König Galaktikus.

(136 Wörter)

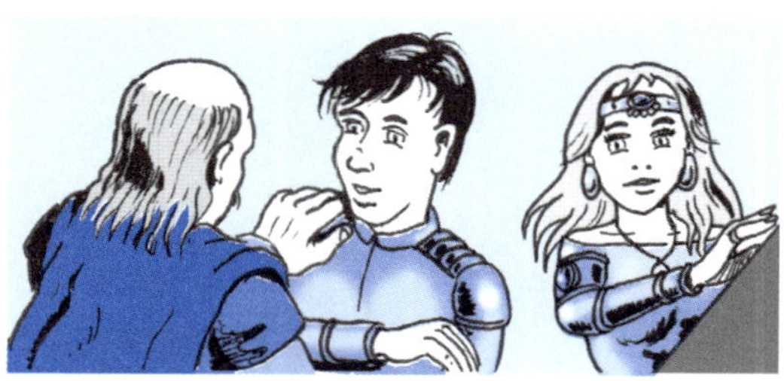

Abflug! **Schreibe die blauen Wortverbindungen im Diktat ab!**

Regel 2

Tageszeiten in Verbindung mit einem **Wochentag** schreibt man **groß und zusammen.**

Beispiele

***M**ontagmorgen*	***D**ienstagmittag*	***M**ittwochnachmittag*
***D**onnerstagabend*	***F**reitagvormittag*	***S**amstagnacht*

Teil 2

Die Idee mit der Heißluftkanone

Jonas freute sich schon auf den Samstagmorgen, | wenn sie die Weltraumstadt des Königs Galaktikus erreichen würden. Doch zuerst mussten sie an diesem Freitagabend | den bösen General besiegen. |

„Ich habe den bösen General | zuletzt am Montagmorgen gesehen", | sagte König Galaktikus. | „Seit Dienstagmittag schläft er | und der Bösewicht wird erst wieder am Freitagabend aufwachen. | Sein gefrorenes Herz | saugt während seines langen Schlafes | alle Boshaftigkeit des Weltalls in sich auf | und verwandelt sie zu Eis." |

„Aber Freitagabend ist heute Abend!", | erinnerte Robotrick. | „Was jetzt?" | „Seit unserer Ankunft am Donnerstagnachmittag | habe ich meine Heißluftkanone aufgeladen", | meldete Tandor, das sprechende Raumschiff. | Ein gezielter Schuss würde alles Böse im Herzen des Generals | zum Schmelzen bringen. | „Damit werden wir ihn für immer | von seinem eisigen Herzen befreien!", | sagte König Galaktikus. |

„Wenn es nicht klappt, | wird er uns spätestens am Samstagabend heimsuchen", | befürchtete Prinzessin Supra.

(137 Wörter)

Abflug!

Schreibe das Diktat ab!

Regel 3

Von Substantiven abgeleitete **Zeitangaben** mit der Endung -s schreibt man **klein**. Diese Adverbien stehen ohne Artikel.

Beispiele

montags	*vormittags*	*morgens*
freitagabends	*nachmittags*	*mittags*
sonntagmittags	*nachts*	*abends*

Teil 3

Das Ende des bösen Generals

Gespannt setzten sich alle nachmittags | vor das Bugfenster ihres sprechenden Raumschiffes. | Schon mittags hatten sie diesen Augenblick herbeigesehnt. | Tandors Röntgenaugen konnten tief | in die schwarze Burg hineinsehen. | Aber erst spätnachmittags entdeckte das sprechende Raumschiff | das Schlafzimmer des bösen Generals. |

König Galaktikus begann abends, | die Heißluftkanone auf das gefrorene Herz | des bösen Generals auszurichten. | „Schüsse aus der Heißluftkanone spürt man nicht“, | erklärte er. | „Nur morgens hat man noch ein komisches Kribbeln im Bauch.“ |

Prinzessin Supra trat zu Jonas heran. | „In den Geschichtsbüchern wird einmal stehen, | dass es freitagabends war, | als der böse General für immer | zum Guten bekehrt wurde.“ | Dann schoss König Galaktikus nachts mit der Heißluftkanone. | Getroffen! | Das Böse im gefrorenen Herzen des Generals | schmolz und verdampfte, | ohne dass er etwas bemerkte. |

Tandor nahm tags darauf | in aller Frühe Kurs auf seinen Heimatplaneten.

(133 Wörter)

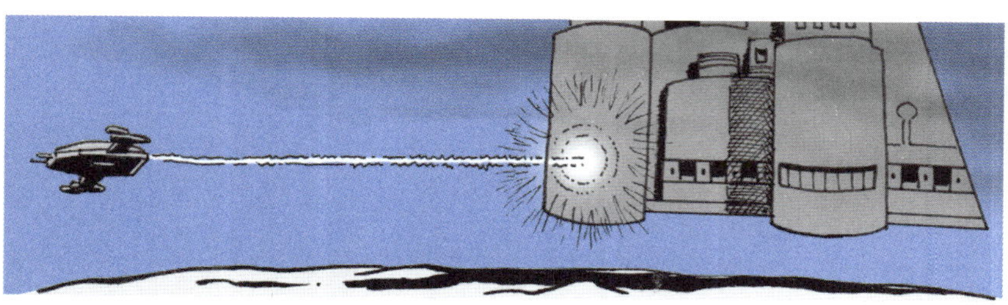

Abflug!

Schreibe die blauen Wörter im Diktat ab!

11 Der Held muss tanzen lernen
Zusammen oder getrennt? 1

Regel 1

Verbindungen von **Verb + Verb** schreibt man in der Regel **getrennt**. Die Verbindung *kennen lernen* kann man auch zusammenschreiben: *kennenlernen.*

Beispiele

Jedes Kind will früh ***laufen lernen****.*
Sollen wir zusammen ***spazieren gehen****?*
Wir sollten uns unbedingt näher ***kennen lernen*** */* ***kennenlernen****.*

Teil 1

König Galaktikus kehrt heim

Tandor landete pünktlich | in der Weltraumstadt des Königs Galaktikus. | Jonas konnte die vergoldeten Dächer | im Licht einer doppelten Sonne leuchten sehen. | Hier wollte er gleich einmal bummeln gehen. |

Doch König Galaktikus hielt ihn freundlich zurück. | Er wollte den jungen Helden | zuerst zur Königin Supernova bringen lassen, | damit Jonas sie kennen lernen / kennenlernen würde. |

Minuten später fielen sich König Galaktikus, | Königin Supernova und Prinzessin Supra in die Arme. | Endlich war die königliche Familie wieder vereint. | „Ausreißerin!“, | sagte Königin Supernova streng zu Prinzessin Supra. | Aber dann lächelte sie: | „Künftig passen wir besser auf, | dass keiner mehr verschwinden kann!“ |

König Galaktikus wollte es sich nicht nehmen lassen, | für den heutigen Abend Jonas zu Ehren | einen Heldenball auszurufen. | „Da muss ich aber erst noch tanzen lernen“, | sagte Jonas kleinlaut. | Das hatte Prinzessin Supra kommen sehen | und bot ihre Hilfe an.

(135 Wörter)

Abflug! **Schreibe die blauen Wortverbindungen ab!**

Regel 2

Verbindungen von **Substantiv + Verb** schreibt man meistens **getrennt**. Nur in ganz wenigen Ausnahmefällen ist auch Zusammenschreibung erlaubt.

Beispiele

*Wollen wir alle zusammen **Fußball spielen**?*
*Damit kann man mir doch keine **Angst machen**!*

Teil 2

Die Versöhnung

Prinzessin Supra hatte den ganzen Tag | mit Jonas tanzen geübt. | Abends musste Jonas | im goldenen Ballsaal Farbe bekennen | und mit Supra den Tanz eröffnen. |

Jonas musste darauf Acht geben / achtgeben, | nicht auf Supras Kleid zu treten. | König Galaktikus konnte zufrieden zur Kenntnis nehmen, | dass die beiden ihre Sache gut machten. |

Plötzlich donnerte es laut! | Die Tür krachte auf | und der General trat ein, | ohne Halt zu machen / haltzumachen. | Das konnte einem wirklich Angst machen! | Prinzessin Supra und Jonas eilten, | während sie Händchen hielten, | zu König Galaktikus. |

„König Galaktikus!", | rief der General. | „Ich will nicht länger Ärger machen! | Alles tut mir leid | und ich hoffe, dass ich bei dir Gnade finde!" |

König Galaktikus schritt zum General, | dem er versöhnend die Hand reichte. | Das Böse war endgültig besiegt, | keiner sollte mehr Not leiden. | Alle jubelten | und Jonas sollte nun seinen Lohn erhalten.

(137 Wörter)

Abflug!

Schreibe das Diktat ab!

Regel 3

Verbindungen von **Adjektiv + Verb** bzw. **Adjektiv + Partizip** schreibt man meist **getrennt**. Wenn durch die Verbindung jedoch eine **neue (übertragene) Bedeutung** entsteht, schreibt man **zusammen**.

Beispiele

Du sollst das Radio ***laut stellen****.*
Ich sehe die Tür ***offen stehen****.*
Aber: *Es ist keine Frage* ***offengeblieben****.*

Teil 3

Jonas erhält einen Orden

König Galaktikus trat vor die Ballgäste. | Mit offen stehendem Mund | bestaunte Jonas den Prunk. | Die treu ergebenen Ballgäste | verneigten sich vor ihrem König. |

„Tief berührt danke ich | dem größten Helden des Weltalls", | sagte König Galaktikus. | „Vieles hätte schiefgehen können, | doch er hat allen Gefahren getrotzt, | um mich zu retten. | Es ist ihm bestimmt nicht immer leichtgefallen. | Aber er hat seine Aufgabe ernst genommen | und alle Feigheit ist ihm ferngelegen. | Jonas, du bist ganz sicher kein Angsthase, | sondern ein Held. | Jeder soll wissen, | dass ich das ernst meine!" |

Darum überreichte König Galaktikus | Jonas einen goldenen Heldenorden. | Alle klatschten und Prinzessin Supra | lächelte dem frisch gebackenen Helden zu. | Jonas kratzte sich verlegen am Hals. |

Jonas saß den ganzen Abend neben Supra. | Und weil er sich so glücklich fühlte, | wünschte er sich, das Fest würde nie enden.

(134 Wörter)

Abflug!

Schreibe die blauen Wortverbindungen ab und setze die Verben dabei in die Grundform! Überlege dir die übertragene Bedeutung der drei zusammengeschriebenen Verbindungen.

12 Schmerzerfüllte Heimkehr
Zusammen oder getrennt? 2

Regel 1

Die Verbindung von **Substantiv + Adjektiv oder Partizip** schreibt man zusammen, wenn durch die Verbindung **ein Artikel oder eine Präposition eingespart** wird („Sparregel“).

Beispiele

angsterfüllt	→	***von** Angst erfüllt*
butterweich	→	*weich **wie** Butter*
kopfschüttelnd	→	***den** Kopf schüttelnd*
seefahrend	→	***über die** See fahrend*

Teil 1

Jonas bekommt Heimweh

Jonas verbrachte glückliche Tage | in der sagenumwobenen Weltraumstadt des Königs Galaktikus. | Prinzessin Supra blieb ständig bei ihm | und sie hatten miteinander herzerfrischenden Spaß. | Jonas hatte sogar eine maßgeschneiderte Uniform bekommen. |

Doch komisch, | diesen Abend saß Jonas schmerzerfüllt auf seinem Balkon | und blickte steinerweichend | über die mondbeschienenen Dächer der Stadt. | All die friedliebenden Bewohner schliefen schon. | Da trat Supra schlaftrunken aus ihrem Zimmer | und setzte sich still neben Jonas. | Sie sah seinen traurigen Blick | und schloss messerscharf. | „Heimweh?“, | fragte sie leise. | Jonas nickte zögernd. |

„Du bist jetzt ein kampferprobter, | raumkreuzender Held. | Aber deswegen darfst du nicht auf dein Zuhause verzichten. | Lass uns morgen aufbrechen“, | sagte Supra und umarmte Jonas schulterklopfend. |

Am nächsten Morgen musste Jonas Abschied nehmen. | König Galaktikus ließ die Trompeten | ehrerweisend laut blasen. | Dann brausten Jonas, | Supra und Robotrick | mit Tandor Richtung Erde davon.

(135 Wörter)

Abflug!

Schreibe das Diktat ab!

Regel 2

Die Verbindung von **Substantiv + Verb** schreibt man in wenigen Sonderfällen zusammen. Wenn das **Substantiv verblasst** ist, sodass man es nicht mehr als ein solches erkennt, schreibt man die Verbindung **zusammen**.

Beispiele

heimgehen	*leidtun*	*teilnehmen*	*maßregeln*
stattfinden	*irreführen*	*heimfinden*	*standhalten*
lobhudeln	*heimkehren*	*notlanden*	*wetteifern*

Teil 2

Heimflug in Gefahr

Jonas freute sich, | dass sie nun heimflogen. | Aber gleichzeitig machte es ihn auch wieder traurig. | An so vielen gemeinsamen Abenteuern | hatte er mit seinen neuen Freunden teilhaben können. | Es war schade, | dass nun alles vorbei sein sollte. |

Da schrillten Tandors Alarmglocken. | „Vor uns hagelt es Sternschnuppen!", | meldete Tandor. | „Wenn wir nicht notlanden, | könnte es gefährlich werden!" | Doch wie sollten sie das handhaben? |

„Was machen wir jetzt?", | ängstigte sich Prinzessin Supra. | „Ich will euch mal ein Geheimnis preisgeben", | wehklagte Robotrick aufgeregt. | „Wenn das so weitergeht, | werden wir noch bruchlanden! | Und dann wird eine furchtbar traurige Beerdigung stattfinden – | unsere eigene!" |

Die Sternschnuppen zischten links und rechts an Tandor vorbei. | „Wirst du noch eine Weile standhalten können?", | fragte Jonas das sprechende Raumschiff. | „Ja, aber ich gewährleiste nicht, | dass die Sternschnuppen mich nicht irreleiten", | sagte Tandor. |

„Was jetzt?", | grübelte Jonas.

(136 Wörter)

Abflug!

Nimm das Diktat auf und schreibe es dann als Selbstdiktat!

Regel 3

Zusammengesetzte Substantive schreibt man **zusammen.** Das gilt auch für Verbindungen aus Substantiv + Verb, die **als Ganzes substantiviert** sind.

Beispiele

Türgriff	*Apfelsaft*	*Klassenbuch*	*Spaßmacher*
Dachfenster	*Obstkiste*	*Schulgebäude*	*Witzesammlung*

und

das Zugfahren	aber:	*wir werden Zug fahren*
beim Brotbacken	aber:	*wenn man Brot bäckt*

Teil 3

Kein Abschied für immer

Jonas riss das Steuerruder herum! | Im Sturzflug rasten sie zur Erdkugel hinunter. | Als sie durch die Wolkendecke stießen, | zündete Tandor die Bremsraketen. | Tandor schwebte über dem Baumhaus | in Jonas' nächtlichem Blumengarten. | Dort erwartete sie auch schon Mutander. |

Das Abschiednehmen fiel den Raumfahrern schwer. | Sogar dem Blechkameraden Robotrick | rann eine ölige Krokodilsträne | aus den Kameralinsen. | Prinzessin Supra wischte sich die Tränen ab. | Sie streichelte Jonas, | ihrem Himmelsstürmer, | über die Wangen. |

„Du musst jetzt zu deinen Eltern zurück." | „Werde ich dich denn wiedersehen?", | fragte Jonas und schluckte. | Supra schluckte auch. | „Das Raumschifffliegen wird mich wieder zu dir führen – | irgendwann." | Das schworen sie sich. | Dann düste Tandor mit Supra, | Mutander und Robotrick davon. |

Jonas wurde nie wieder Angsthase genannt. | Und er sitzt heute noch jede Sommernacht | in seinem Baumhaus, | blickt hinauf zum Sternenzelt | und träumt vom Händchenhalten mit Supra.

(137 Wörter)

Abflug!

Schreibe das Diktat ab!

Teil III
Diktate 7. Klasse

Schülergeschichten

1 Ninas Sommerferien
Zusammen oder getrennt? 1

Regel 1

Verbindungen aus **Substantiv und Verb** werden in der Regel **getrennt geschrieben**.

Beispiele

Auto fahren *Zeitung lesen* *Walzer tanzen*

Teil 1

Große Ferien – und was nun?

„Das kann doch gar nicht wahr sein!", | rief Nina mit langem Gesicht. | „Ich wollte doch so gern mit euch Urlaub machen!" | Ihre Eltern, | die ihr gerade eröffnet hatten, | dass sie diesen Sommer die geplante Reise nicht machen würden, | blickten die Tochter betrübt an. |

Sie hatten eigentlich an der Donau entlang Rad fahren | und in verschiedenen Städten Station machen wollen. | Nina hatte sich schon ausgemalt, | wie sie ihren Schulfreundinnen spannende Briefe schrieb. | Die sollten Augen machen! | Und nun sah sie sich zu Hause Trübsal blasen, | bei völlig öden Beschäftigungen wie Briefmarken sammeln. |

„Du musst doch vor Langeweile keine Angst haben", | beschwichtigte ihre Mutter. | „Du kannst doch ins Schwimmbad gehen, | mit Freunden Eis essen | und wenn es regnet Klavier spielen." | „Ihr seid gemein und versteht gar nichts!", heulte Nina | und rannte Türen knallend aus dem Zimmer.

(134 Wörter)

Loslegen!

Schreibe alle blauen Verben ab und bilde damit neue Substantiv-Verb-Verbindungen.

Regel 2

Verbindungen von **Verb (Infinitiv) und Verb** werden meist **getrennt geschrieben**. Die Verbindung *kennen lernen* darf man auch zusammenschreiben: *kennenlernen.*

Beispiele

laufen lernen	*essen gehen*	*spazieren fahren*
spielen wollen	*stehen müssen*	*schwimmen können*

Teil 2

Die Geburtstagsüberraschung

Nina wollte am liebsten im Bett liegen bleiben. | Mitten in den Sommerferien, | wenn alle weg sind, Geburtstag zu haben, | war einfach schrecklich. | Ihre Mutter hatte gesagt, sie solle in den Jugendtreff gehen, | da würde sie schon neue Freunde kennen lernen/kennenlernen, | aber Nina hatte Angst, man würde nicht mit ihr reden wollen, | wenn sie dort ungefragt auftauchte. |

Jetzt konnte sie im Esszimmer das silberne Geburtstagsglöckchen läuten hören. | Das hieß: Geburtstagstisch und Frühstück waren fertig | und Nina durfte auspacken kommen. | Danach würden sie dann alle zusammen spazieren gehen. | So langsam regte sich in Nina doch die Neugier auf ihre Geschenke. | Sie konnte sogar ihr Herz klopfen hören, | als sie barfuß die Treppe hinuntertappte, | um dann gespannt ins Geburtstagszimmer zu treten. |

So eine Überraschung! | Da hatten sich ihre Eltern ja echt was einfallen lassen! | Zwischen brennenden Kerzen und Süßigkeiten | leuchtete ein Paar nagelneue Inliner hervor!

(142 Wörter)

Loslegen!

Schreibe das Diktat ab.

Regel 3

Verbindungen aus **Adjektiv und Verb** werden meist **getrennt geschrieben**. In Verbindungen mit **abgeleiteten, gesteigerten oder erweiterten Adjektiven** sowie mit **zusammengesetzten Verben** gilt stets Getrenntschreibung.

Beispiele

schmutzig machen	(von *Schmutz* abgeleitetes Adjektiv)
besser können	(gesteigertes Adjektiv, Grundform: *gut*)
etwas sehr gut machen	(durch *sehr* erweitertes Adjektiv)
schnell wegfahren	(zusammengesetztes Verb: *weg-fahren*)

Teil 3

Die Profis

Da stand Nina auf dem Großparkplatz des Supermarktes. | Sie hatte Mühe, | sich mithilfe eines Einkaufswagens gerade halten zu können. |

„Hey, schaut euch die mal an!", | schrie plötzlich einer von den Profis, | die auf der anderen Seite des Platzes trainierten. | Nina wollte ihr Üben eigentlich noch etwas länger geheim halten. | Nun aber hatte sich in kürzester Zeit | ein Ring feixender Jugendlicher um sie und ihren Einkaufswagen gebildet. |

„Dass ich noch nicht besser fahren kann, | das kann jeder klar sehen, | aber mit dir kann ich es locker aufnehmen!", | antwortete Nina erbost. | Das war ein Fehler gewesen, | denn dass sie den Angeber damit zornig machen würde, | konnte man jetzt von seinem Gesicht ablesen. | „Dann zeig mal, dass du es wirklich ernst meinst | und fahr unsere Rampe hinunter", | forderte er höhnisch, | während er seine fettigen Haare | mit einer angeberischen Geste glatt zurückstrich.

(139 Wörter)
Fortsetzung folgt!

Loslegen!

In welchen der blauen Verbindungen ist das Adjektiv erweitert oder gesteigert? Schreibe die Verbindungen mit den dazugehörenden Wörtern auf.

2 Nina behält Oberwasser
Zusammen oder getrennt? 2

Regel 1

Wenn durch die Verbindung von Adjektiv und Verb eine neue, d. h. **übertragene Bedeutung** entsteht, gilt **Zusammenschreibung.**

Beispiele

*Du kannst dich am Geländer **festhalten**.*
*Du sollst doch nicht so viel **fernsehen**.*
*Sie haben zu viel bezahlt. Ich werde es Ihnen **gutschreiben**.*

Teil 4

Nina lässt es laufen

„Kein Problem!", erwiderte Nina, | denn um keinen Preis | wollte sie sich von diesem blöden Typen bloßstellen lassen. | Eigensinnig stolperte sie auf ihren neuen Inlinern in Richtung Rampe. |

„Du spinnst ja! | Willst du das echt wahrmachen?", | rief ein Mädchen, | als sie sah, wie Nina scheinbar hartgesotten die Rampe erklomm. | „Die kann sich für morgen gleich krankschreiben lassen", | zischte der Schwarzhaarige böse. | Anstatt Nina von ihrer Mutprobe freizusprechen, stichelte er: | „Wie lange willst du die Zeit eigentlich noch totschlagen?" |

Da gab sich Nina einen Ruck | und sauste abwärts. | Sie musste feststellen, | dass sich ihr Magen wie beim Achterbahnfahren zusammenzog | und die Muskeln sich verkrampften. | Das Denken setzte aus, | aber sie konnte wahrnehmen, | wie erst Gesichter, dann Bäume und Gebäude an ihr vorbeizischten. | Panik wollte sich breitmachen: | War hier nichts, woran sie sich festhalten konnte? | Plötzlich tauchte vor ihr ein schwarzes Loch auf. | „Mein Gott!", war ihr letzter Gedanke. | Dann wurde es dunkel.

(149 Wörter)

Loslegen!

Lies das Diktat laut und betone dabei die zusammengeschriebenen Verbindungen.

Regel 2

Verbindungen mit dem **Verb *sein*** werden stets **getrennt geschrieben.**

Beispiele

fertig sein	*stark sein*	*wach gewesen*
vonnöten sein	*los sein*	*zusammen gewesen*
dabei sein	*vorüber sein*	*vorhanden war*

Teil 5

Der Plan der ASA

Nina untersuchte, was nach dem Sturz noch von ihr übrig war. | Doch außer einem Brummschädel fühlte es sich an, | als müsste alles noch heil sein. | Sie konnte wirklich froh sein, | dass sie ihre Mutprobe glimpflich überstanden hatte! | „Konnte ich es nicht einfach gut sein lassen?“, | warf sie sich vor. |

Es knackste und Nina schreckte auf. | „Warum kann nicht einfach alles vorbei sein?“, | jammerte sie vor sich hin. | Da durchflutete Licht den Raum, | und sie musste die Augen zusammenkneifen. | Als sie sehen konnte, was los war, | atmete sie erleichtert auf, | da nun wirklich alles vorüber war: | Sie war in einer winzigen Werkstatt gelandet. | Ihr gegenüber standen sechs grinsende Jugendliche. |

„Wir sind die ASA: | Aktion stoppt die Angeber. | Hier unten konnten wir kreativ sein | und haben perfekte, sturzfreie Inlineskates entwickelt. | Du hast Mut | und willst sicher nicht schuld sein, | dass diese Angeber noch mehr Oberwasser kriegen. | Also probier die Dinger in einem Rennen für uns aus!“

(154 Wörter)

Loslegen!

Schreibe alle blauen Verbindungen ab und setze sie ins Perfekt.

Regel 3

Verbindungen aus **Adverb und Verb** schreibt man **getrennt**, wenn **beide** Bestandteile der Verbindung **betont** werden.

Wird jedoch nur **ein** Bestandteil der Verbindung **betont**, gilt **Zusammenschreibung**.

Beispiele

nebeneinander herlaufen	*auseinandersetzen*
rückwärts einparken	*vorbeigehen*
zusammen ankommen	*zusammenpassen*

Teil 6

Das große Rennen

„Dich werde ich auseinandernehmen", | hatte der Angeber geschrien, | als Nina ihm ein Wettrennen vorschlug. |

Nun stand sie zum zweiten Mal auf der Rampe und fragte sich, | ob sie sich nicht doch dabei übernommen hatte. | Der Verstand schien ihr abhandengekommen zu sein! |

Da ertönte das Signal | und ein Stoß von hinten ließ sie | – ob sie nun wollte oder nicht – | blitzschnell abwärts losdüsen. | „Ich dachte, | ich würde nie mehr einen Meter ohne Sturz vorwärtskommen | und jetzt überhole ich diesen Angeber!", | stellte Nina erstaunt fest. | Nicht in ihren kühnsten Träumen | wäre sie darauf gekommen, | dass sie so etwas zuwegebringen | und einen Inlineprofi abhängen könnte! |

Unter dem Jubel der ASA schoss Nina ins Ziel. | Die selbstgefällige Art ihres Gegners | hatte sie somit erfolgreich zunichtegemacht | und er musste zähneknirschend mit dem zweiten Platz vorliebnehmen!

(130 Wörter)

Loslegen!

Lies das Diktat laut und betone die blauen Verbindungen dabei richtig.

3 Suchen statt fluchen!
Groß oder klein? 1

Regel 1

Namen werden **immer großgeschrieben.**

Wenn **feste Verbindungen** von **Adjektiv und Substantiv als Name** verwendet werden, wird auch das **Adjektiv** meist **großgeschrieben.**

Beispiele

Personenbezeichnungen/Titel:	*Katharina die **G**roße*
Ortsbezeichnungen:	*der **B**ayerische Wald*
Herkunftsbezeichnungen auf *-er*:	***S**chwarzwälder Schinken*
Namen von Firmen/Einrichtungen:	*das **R**ote Kreuz*
Geschichtliche Ereignisse:	*der **Z**weite Weltkrieg*

Teil 1

Warum ich nicht gern lerne?

Geschichtslehrerinnen können echt nervig sein! | Ständig diese Fragen: | Wann fand der Hundertjährige Krieg statt? | Weißt du denn nicht, | welche Rolle der Deutsche Orden | während der Kreuzzüge gespielt hat? | Habt ihr nicht schon in der 6. Klasse gelernt, | wer Alexander der Große war? |

Irgendwie habe ich, | statt aufzupassen, | zu oft an den Sommerurlaub im Bayerischen Wald gedacht, | als wir den Großen Arber bestiegen haben. | Nun aber fühle ich mich wegen meines durchlöcherten Wissens | wie ein Schweizer Käse! |

Schrecklich ist vor allem, | dass Sven, der in der Bank vor mir sitzt, | sich aufführt wie der Heilige Vater persönlich! | Dieser Streber scheint wirklich alles zu wissen: | Ob es nun um Geschichte, | Klatsch aus den Vereinigten Staaten | oder die Abfahrtszeiten der Deutschen Bahn geht. | Und dann blamiert er mich auch noch, | indem er auf Rotes Kreuz macht | und mir laut vorsagt. | Das muss sich ändern!

(141 Wörter)

Loslegen!

Schreibe das Diktat ab.

Regel 2

Verben und **Partizipien** können zu Substantiven gemacht werden. **Substantivierte** Wörter schreibt man immer **groß**. Dies gilt auch für als Ganzes substantivierte Wortverbindungen.

Im Zweifelsfall erkennst du eine Substantivierung daran, dass man einen Artikel davorsetzen kann.

Beispiele

lieben → ***das Lieben*** *fällt mir schwer*
tanzen → ***die Tanzenden*** *im Ballsaal*

Teil 2

Ute und ihr „Puter"

Als ich meiner großen Schwester Ute | das Problem mit dem Lernen schildere, | lacht sie nur und meint: | „Das Ringen mit Geschichtsdaten kenne ich. | Komm mit, | Folgendes wird dir beim Schließen deiner Wissenslücken helfen." |

Ute zieht mich in ihr Zimmer | und zeigt auf ihren Computer: | „Der kann dir das Pauken zwar nicht abnehmen, | aber im Internet kann man Gesuchtes sehr schnell finden | und bekommt prima Bilder dazu!" | „Besser als planloses Herumblättern in staubigen Lexika | ist das auf jeden Fall, | und es bringt einen vielleicht nicht so schnell zum Einschlafen!", | denke ich mir. |

„Du kannst ja das Ausprobieren kaum mehr erwarten!", | lacht Ute. | „Ein erstes Bekanntmachen mit meinem ‚Puter' | ist aber unumgänglich. | Da brauchst du schon ein bisschen Geduld!" | Bei diesen Worten | vergeht mir das neugierige Staunen sofort. | Doch Svens hämisches Grinsen | vor meinem inneren Auge | zwingt mich sofort zum Loslegen.

(139 Wörter)

Loslegen!

Schreibe die blauen Substantivierungen (mit Artikel) heraus und notiere das zugrunde liegende Verb. Suche dann ein weiteres der Wortfamilie entstammendes Substantiv, z. B.:
das Lesen   lesen   der Leser

Regel 3

Auch **substantivisch** gebrauchte **Adjektive** werden **groß-geschrieben.**

Testmöglichkeit:
- Nach Adjektiven fragt man: *wie?*
- Nach **substantivierten Adjektiven** fragt man wie nach Substantiven: ***wer/was?, wessen?, wem?, wen/was?***

Beispiele

*Ich glaube an **das Gute**.*	*(an wen/was?)*
*Du solltest **bei Rot** anhalten.*	*(bei wem/was?)*

Teil 3

Auch Hans kann's!

Dass ich jetzt Ahnung von Computern habe, | ist wirklich nicht das Schlechteste! | Aber mit dem Internet ist das trotzdem etwas Komisches: | Man hofft, | schneller an Nützliches und Informatives zu kommen | und so Zeit zu sparen. | Das ist aber Quatsch, | denn in Wirklichkeit wartet dort so viel Interessantes und Lustiges, | dass man Stunde um Stunde sitzt | und die Zeit vergisst! |

Dass ich viel Aufschlussreiches | über die Antike erfahren habe, | hat zwar sein Gutes, | denn Sven wird Augen machen! | Doch etwas wirklich Einmaliges ist, | dass ich elektronische Post, | also E-Mails, | verschicken und bekommen kann! | Etwas Praktischeres kann man sich nicht vorstellen! |

Ich schreibe einfach, | wie mir der Schnabel gewachsen ist | – es muss gar nichts Besonderes sein. | Die Übermittlung dauert nur wenige Minuten | und ich kann ja noch einmal etwas losschicken. | Das Schönste daran ist, | dass ich nun fast täglich Post bekomme!

(139 Wörter)

Loslegen!

Lies das Diktat laut und betone dabei alle Substantivierungen.

4 Verspielt
Groß oder klein? 2

Regel 1

Bestimmte Mengenangaben schreibt man dann **groß**, wenn sie **substantivisch** verwendet werden.

Bei **adjektivischer** Verwendung, d. h. als Beifügung zu einem Substantiv, schreibt man sie **klein**.

Beispiele

Substantiv:	*eine **E**ins, der **E**inzelne*	*(wer oder was?)*
Adjektiv:	*zu **d**ritt kommen, bis **d**rei zählen*	*(wie?)*

Teil 1

Viele Spiele!

Also, gäbe es Noten darauf, | wie schnell man Computerspiele lernt, | so müsste ich ganz bestimmt eine Eins bekommen! | Ute würde das sicher anders sehen. | Schließlich können wir schlecht zu zweit ihren Computer nutzen! | Da kommen große Schwestern ganz schnell auf hundertachtzig. |

Um das Problem zu lösen, | machten wir den Eltern klar, | dass heutzutage jeder Vierte einen Computer hat, | weil das für die Schule wichtig ist. | „Was, du kannst noch nicht mal richtig bis drei zählen | und willst modernste Technik in deinem Zimmer? | Das gibt's doch gar nicht!", | grinste mein Vater. | Aber letztendlich gingen wir am Ersten des Monats doch in die Stadt | und ich bekam meinen „Puter". |

Der „Puter" ist für mich das Einzige, was zählt! | Aus dem Internet kann ich mir herunterladen, | was das Herz begehrt, | beispielsweise „Die magische Neun". | Da muss man mit neun Gegnern kämpfen, | bis man als Letzter übrig bleibt.

(144 Wörter)

Loslegen! **Schreibe das Diktat ab.**

Regel 2

Substantivische Zeitangaben werden **großgeschrieben.**
(Probe: Man kann einen Artikel davorstellen.)

Adverbiale Zeitangaben werden hingegen **kleingeschrieben.**
(Probe: Sie enden häufig auf *-s* und es geht ihnen kein Artikel voraus.)

Beispiele

Substantivische Zeitangabe:	*der **M**ontag, am **A**bend, am **S**onntagmorgen*
Adverbiale Zeitangabe:	***m**ontags, **a**bends, **g**estern*

Teil 2

Die Widersacher

Es ist Samstagnachmittag. | Niemand außer mir ist zu Hause | und die ewige Computerspielerei | geht mir inzwischen ganz schön auf die Nerven! |

Ist doch öde, | jeden Montag, Dienstag usw. | Zauberer, Monster oder andere Widersacher zu verhauen. | Mir tun abends jedes Mal die Nackenmuskeln weh, | weil ich mich dabei so verkrampfe, | und gestern Morgen konnte ich sogar | mein Lieblings-T-Shirt nicht mehr anziehen, | weil ich am Abend vorher | beim Spielen richtige Schweiß-ausbrüche hatte. |

Das Schlimmste aber ist mir neulich passiert! | Da hab ich in der Nacht geträumt, | dass ich in den Computer reingesogen werde | und mir plötzlich ein riesiger Gladiator gegenübersteht! | Schon in der Früh | bis spät nachts schlägt er auf mich ein | und ich bin viel zu schwach, | um mich zu wehren! | Einfach schrecklich! | Vielleicht sollte ich morgen doch mal was anderes versuchen?

(131 Wörter)

Loslegen!

Schreibe alle blauen Zeitangaben heraus und ordne sie in einer Tabelle jeweils der Wortart Substantiv oder Adverb zu.

Regel 3

Die **Höflichkeitsform** der **Anrede *Sie, Ihnen, Ihren*** usw. wird immer **großgeschrieben**.

Die **vertrauliche Anrede *du, dir, dein, euer, ihr*** usw. wird **kleingeschrieben**. Nur in Briefen darf man sie auch großschreiben.

Beispiele

*Frau Müller, wie geht es **Ihnen**?*
*Danke für **dein** schönes Geschenk!*
*Heute schreibe ich **dir** / **Dir** aus dem Urlaub.*

Teil 3

Besser Spaß auf dem Gras!

Während ich so sitze | und über den Sinn von Computerspielen nachdenke, | flattert plötzlich eine E-Mail herein: |

Sehr geehrter Herr Paul, |
wird Ihnen vor dem Bildschirm nicht grässlich langweilig? | Wenn Sie gnädigst aus dem Fenster blicken wollen: | Draußen ist wunderbarer Sonnenschein | und Ihre treuen Freunde möchten Sie gern | zu einem Fußballspiel auf dem grünen Rasen verführen. | Könnte Ihnen das nicht Vergnügen bereiten? |
Ihr Felix und Ihre Annette |

Das ist die Idee! | Nichts wie antworten | und dann raus hier! | Also schreibe ich: |

Hey, ihr / Ihr Chaoten, |
super Idee von euch / Euch! | Klar komm ich mit! | Ich werde den Ball zwischen die Latten knallen, | dass dir / Dir, liebe Annette, | Hören und Sehen vergeht! | Und dich / Dich, Felix, | werde ich wie immer austricksen! | Da hast du / Du gar keine Chance! | Oder hat dir dein / Dir Dein Schwesterherz endlich Nachhilfe gegeben? | Bis in ungefähr einer halben Stunde, | euer / Euer Paul.

(137 Wörter)

Loslegen!

Schreibe die E-Mails um: Formuliere den Text von Felix und Annette mit vertraulicher Anrede und die Antwort von Paul in der Höflichkeitsform.

5 Alles Glück der Erde …
Lange Vokale 1

Regel 1

Auf einen langen Vokal folgt häufig ein **Dehnungs-*h***, wenn der Wortstamm auf die **Konsonanten *l, m, n*** oder ***r*** endet.

Der Wortstamm ist der Bestandteil eines Wortes, der bei allen Mitgliedern der Wortfamilie und in allen Ableitungen gleich bleibt.

Beispiele

Zahl	*lahm*	*Hahn*	*mehr*
fehl-en	*rühm-en*	*an-lehn-en*	*be-rühr-en*

Teil 1

Tausche Eis gegen Pferdemist!

Diese Geschichte erzählt, | wie sich Lottas Leben auf einen Schlag änderte: |

Es war an einem dieser außergewöhnlich freundlichen, | wenn auch schon recht kühlen Herbstnachmittage. | Lottas Uhr zeigte, dass es drei war, | und beschwingt stand sie von ihrem Schreibtischstuhl auf. | Die Hausaufgaben waren ohne Probleme über die Bühne gegangen | und nun hatte sie die Wahl: | Sollte sie zu Karin radeln | oder sich zur Belohnung | ein letztes Mal mit Eis verwöhnen, | bevor die Eisdiele ganz schloss? |

Nichts ahnend | und mit einem Gefühl von Freiheit | trat Lotta aus der Haustür, | als Vater, der gerade seinen Spaten in die Erde bohrte, fragte: | „Lotta, kommst du mit in den Reitstall?" | – Reitstall? Da stank es doch so unangenehm. | Sie stöhnte: | „Muss das denn sein?" | „Sei nicht so vornehm! | Wir brauchen Mist für den Garten | und ich muss wohl nicht erwähnen, | dass du selbst am liebsten Tomaten aus eigenem Anbau isst!"

(144 Wörter)

Loslegen!

Schreibe alle blauen Wörter heraus und reduziere sie auf ihren Wortstamm. Unterstreiche die Wortstammenden farbig.

Regel 2

Wenn der **Wortstamm** auf einen **einfachen langen Vokal** endet, folgt fast immer ein **Dehnungs-*h***.

Beispiele

Reh	*kräh-en*	*Dreh-ung*	*Brüh-e*

Teil 2

Der Blonde

Während ihr Vater sich um den Mist kümmerte, | stand Lotta auf dem Hof des Reitstalls | und bemühte sich, ihre Nasenlöcher zuzuhalten. | Da merkte sie, dass sie beobachtet wurde. | An einen Mähdrescher gelehnt, | stand ein blonder Junge, | der sie mit ruhigem, | beinahe spöttischem Blick ansah. |

Lotta drohte rot zu werden. | „Der Wind wird dir noch Dreck auf deine hübschen Klamotten wehen! | Willst du nicht lieber mit hineingehen, | dann zeige ich dir die Pferde?", fragte er. | Lotta war plötzlich unfähig, sich zu bewegen. | Was war nur los mit ihr? | Es war unübersehbar, | dass der Blonde sich über sie lustig machte. | Trotzdem wollte sie seine Frage bejahen. |

Er drehte sich um, | gab ihr ein Zeichen, ihm zu folgen, | und verschwand im Gebäude. | Endlich gab Lotta das mühsame Nasezuhalten | und das beleidigte Herumstehen auf | und trat hinter ihm in die warme Luft des Stalles ein.

(141 Wörter)

Loslegen!

Schreibe die blauen Wörter ab und ordne sie in einer Tabelle nach ihren Wortstammenden: *ah/äh, eh, oh* und *uh/üh*.

Regel 3

Doppelvokale treten nur bei **langem *a, e,*** und ***o*** auf (nie bei *u*!).
Die wenigen Wörter mit Doppelvokal muss man sich merken!

Beispiele

*S**aa**l*	***aa**len*	*st**aa**tlich*
*B**ee**t*	*l**ee**ren*	*s**ee**lisch*
*M**oo**s*	*ausb**oo**ten*	*m**oo**sig*

Teil 3

Die Schwarze

„Pferde sind echt doof", | wollte Lotta gerade meckern, | da verschlug ihr der Duft aus Heu und Sattelleder den Atem. | Verwirrt strich sie sich durchs Haar. |

„Darf ich bekannt machen: | Das ist Jenny, | die treueste Seele, die ich kenne!", | stellte der Blonde die teerschwarze Stute vor, | die Lotta freundlich zuschnaubte. | „Und meine Wenigkeit heißt übrigens Ole!" | Lotta dachte, | dass es doch eine gute Idee gewesen war, | hierher zu kommen. | Der Junge lächelte, | und zwar nicht mehr spöttisch, | als er sah, | wie Lotta das Pferd streichelte. | Sie begann, das alte Wasser aus dem Trog zu leeren | und neues einzufüllen. |

„Ihr Fell ist so dunkel, | als wäre sie einem Moor entstiegen", | murmelte Lotta verträumt. | „Ja, wir nennen sie auch gern die schwarze Fee", | erwiderte Ole. | „Sie ist zwar lieb, | hat aber ganz schön Feuer. | Das hatte schon verheerende Folgen | für so manchen ungeübten Reiter!"

(141 Wörter)
Fortsetzung folgt!

Loslegen!

Lies das Diktat laut und betone die Wörter mit Doppelvokal.

6 … liegt auf dem Rücken der Pferde
Lange Vokale 2

Regel 1

In den Nachsilben ***-bar, -sam*** und ***-sal*** wird das ***a*** gedehnt gesprochen, aber **nicht** durch Dehnungs-*h* oder Doppelvokal **gekennzeichnet**.

Beispiele

*sonder**bar***	*selt**sam***	*Trüb**sal***
*ess**bar***	*spar**sam***	*Scheu**sal***
*dank**bar***	*ein**sam***	*Schick**sal***

Teil 4

Einmal ist keinmal – oder?

Eine Woche war nun vergangen, | seit Lottas Schicksal sie zum ersten Mal in den Reitstall geführt hatte. | Es war schon sonderbar, | wie oft und gern sie nun hier war. | Manchmal dachte sie lächelnd, | wie wandelbar menschliche Launen doch sein konnten! |

Es bedeutete für Lotta keine Mühsal, | Jenny täglich zu striegeln und zu füttern. | Die Stute war dabei so lieb und gehorsam, | als kenne sie Lotta schon seit langer Zeit. | Aber auch die Zweisamkeit mit Ole war wunderbar. | Er brachte ihr so ziemlich alles bei, | was man über Pferde wissen muss, | und beobachtete mit wachsamem Blick, | ob sie auch alles richtig machte. |

Manchmal aber blies Lotta auch Trübsal, | und zwar immer dann, | wenn sie Ole beim Reiten zusah. | Doch eines Tages sagte er: | „Langsam bist du auch mal dran! | Keine Angst, | das Reiten ist wie alle anderen Dinge auch erlernbar. | Ich zeig es dir."

(143 Wörter)

Loslegen! **Schreibe das Diktat ab.**

Regel 2

Im Deutschen wird der **lange *i*-Laut** meist mit ***ie*** gekennzeichnet. Die wenigen Ausnahmen mit einfachem ***i, ih*** oder ***ieh*** muss man einzeln lernen.

Beispiele

schießen	*Dieb*	*wie*
liegen	*Brief*	*nie*
spielen	*Fliege*	*hier*

Teil 5

Nur nichts durchgehen lassen!

„Hier, nimm die Handschuhe, | sonst bekommst du Schwielen", | riet Ole. | Dann half er Lotta in den Sattel, | indem er ihren Reitstiefel in den Steigbügel setzte | und ihr linkes Knie festhielt, | während sie sich aufschwang. |

Ole führte das Tier an einer langen Leine, | damit Lotta nichts passieren konnte. | Er gab Anweisungen | und in einem riesigen Spiegel konnte sie selbst überprüfen, | ob sie es richtig machte. | Sie schwitzte bald | und Fliegen umschwirrten ihren Hals. | „Vielleicht machen wir jetzt besser Schluss", rief Ole, | als er Lottas Anstrengung sah. | „Morgen dann wieder!" | Er löste die Leine vom Geschirr | und begann diese aufzurollen. |

„Wie bitte? | So schnell lass ich mich nicht abservieren, | ich hab doch gerade erst angefangen!", | schrie Lotta erbost. | Jenny erschrak, | spürte Lottas Ziehen am Zügel | und bäumte sich so stark auf, | dass das Mädchen rücklings in die Tiefe fiel!

(137 Wörter)

Loslegen!

Lies das Diktat laut und betone dabei die gedehnten *i*-Laute.

Regel 3

Es gibt Wörter mit **langem Stammvokal,** die **gleich klingen,** jedoch **verschiedene Bedeutung** haben. Um schon am Wortbild die Bedeutung zu erkennen, werden sie **verschieden geschrieben.** Diese Unterschiede muss man sich einzeln einprägen!

Beispiele

Waage	↔	*ich wage etwas*
Meer	↔	*ich will mehr*
Festmahl	↔	*ein einziges Mal*

Teil 6

Kein Hals-, aber ein Beinbruch

Lotta blinzelte. | Durch das halb geschlossene Lid | sah sie Ole und ihren Vater mit besorgten Mienen. | „Ich bete, dass sie nicht zu große Schmerzen hat. | Ich selbst kann nämlich ein Lied davon singen, | wie sich ein Beinbruch anfühlt“, sagte Ole. |

„Keine Sorge! | Mein Kopf fühlt sich zwar noch etwas hohl an, | aber sonst bin ich in Ordnung“, | beschwichtigte Lotta. | „Vati, wie geht es deinem Gemüsebeet?“ | Alle lachten. | „Ich hol dir was zu trinken, | du hast bestimmt höllischen Durst“, | bot sich Ole an. |

„Ich würde mich jetzt lieber | durch eine Eismine oder ein Eismeer essen“, | erwiderte die Verletzte. | Vater schmunzelte: | „Und dann schimpfst du wieder, | wenn du auf der Waage stehst! | Ich wage zu fragen, | ob es der Dame nicht genügt, das hier zu leeren?“ | Er präsentierte einen riesigen Eisbecher! |

Ole grinste: | „Na dann, guten Appetit! | Aber ich hoffe, | die ganze Sache wird dir eine Lehre sein!“

(145 Wörter)

Loslegen!

Schreibe alle blauen Wörter heraus und ordne sie paarweise, z. B. ***mahlen*** **↔** ***malen*** **usw.**

7 Kalt erwischt!
Doppelkonsonant oder nicht?

Regel 1

Ein **Doppelkonsonant** steht nach einem **kurzen betonten Stammvokal**, und zwar auch **zwischen zwei Vokalen**.

Beispiele

paddeln	*Himmel*	*Suppe*
Kartoffel	*Kanne*	*knarren*
Dogge	*Wolle*	*Wette*

Teil 1

Wer zu spät lernt, den bestraft das Leben!

„Alle Hefte zuklappen, | nichts liegt mehr auf den Tischen | außer euren Federmappen!“ | Die scharfe Anordnung von Frau Hoppe | lässt mich nach Luft schnappen! | Ausgerechnet heute muss sie uns den Mathe-Test verpassen!

Nervös kaue ich auf meiner Unterlippe herum | und versuche mich daran zu erinnern, | was wir letzte Stunde durchgenommen haben. | Alles vergessen! | Kein Wunder: | Ich hab ja auch die Hausaufgabe nicht gemacht. | Meine Armbanduhr fängt Sonnenstrahlen ein | und zeichnet damit helle Kringel auf den Zettel vor mir. | Nichts von dem, | was wir darauf ausfüllen sollen, weiß ich. | Spicken ist meine letzte Rettung. | Ich blicke mich im Klassenzimmer verstohlen um. |

Es ist der Horror: | Ralf, rechts neben mir, | schaut selbst nur verbissen aus dem Fenster. | Und auch Claudi zerstört mein Hoffen, | als sie sich mit tränennassen Augen | bittend zu mir umdreht. | Die beiden haben offensichtlich | auch nicht die Weisheit mit Löffeln gefressen!

(141 Wörter)

Loslegen!

Lies das Diktat laut und betone dabei die kurzen Vokale vor den Doppelkonsonanten.

Regel 2

Nach **kurzem Vokal** steht dann **kein Doppelkonsonant**, wenn im Wortstamm mindestens noch **ein weiterer anderer Konsonant** folgt.

Beispiele

*Ka**mpf***	*Ge**ld***	*ka**lt***
*Stu**rz***	*Sa**mt***	*schu**ld**-ig*
*Kra**ft***	*Wi**nd***	*pfla**nz**-en*

Teil 2

Rettung in letzter Minute!

Ich habe das Gefühl, keine Luft mehr zu bekommen, | und möchte diesen Kasten am liebsten verlassen. | Da wird etwas mit voller Kraft gegen meinen Kopf geworfen! | Es ist ein kleiner Papierball. |

„Auf solchen Spott hab ich nun wirklich keine Lust!", | denke ich erbost | und schiebe jetzt endgültig Frust. | Aber halt! | Da sind ja Buchstaben zwischen den Falten zu sehen! | Das ist ein Spickzettel! |

Die Aufregung lastet schwer auf mir, | als ich das Papier mit verkrampften Händen auseinanderwickle. | Nicht zu fassen: | Fast vollständig hat jemand alle Lösungen darauf festgehalten, | sodass ich nur noch abschreiben muss. | Kurz entschlossen streiche ich den Mist, | den ich in meiner Verzweiflung hingeschmiert habe, | hastig durch. |

Das hätte ein schlimmer Absturz werden können. | Auf jeden Fall hat mein Retter | mindestens einen Besuch in der Saftbar gut!

(131 Wörter)

Loslegen!

Schreibe das Diktat ab.

Regel 3

Treffen bei Wortzusammensetzungen **drei gleiche Konsonanten zusammen**, so werden **alle geschrieben**.
Zur besseren Lesbarkeit darf man bei Substantiven in vielen Fällen einen Bindestrich setzen.

Beispiele

Krepppapier	*Stofffalte*
Brennnessel	*schnelllebig*
Geschirrregal	*Schlammmasse*

Teil 3

Eine Hand wäscht die andere!

Die Stresssituation ist überstanden! | Erleichtert knalle ich meinen Kunststofffüller auf die Bank | und renne zur Tür. | Den Spickzettel, | der nun wie Krepppapier aussieht, | halte ich hoch, | um meinen Helfer zu finden. | Aber niemand, | der hier im Schritttempo an mir vorbeizieht, | fühlt sich angesprochen. |

Die Falllinie des Papierballes jedoch verrät mir, | dass er von einem der Mädchen | aus den vorderen Bänken geworfen wurde. | Tja, Lisa habe ich erst gestern | wegen ihres Balletttanzens aufgezogen | und Tina, die Angeberin, | protzt immer nur mit Schifffahrten, | die sie macht. | Dabei hat ihr Vater nur eine winzige Nussschale. | Alles klar! |

Als ich mich bei Suse bedanke, | wird sie erst bleich wie ein Betttuch, | dann rot wie eine Kontrolllampe. | Echt süß sieht sie dabei aus | und ich biete an, Schwimmmeister zu spielen | und ihr das Kraulen beizubringen. | Da Suse jedoch zögert, | beruhige ich sie: | „Da ist echt nichts dabei! | Eine Hand wäscht doch die andere!"

(148 Wörter)

Loslegen!

Lies das Diktat laut und betone dabei die Stellen, in denen die drei Konsonanten aufeinandertreffen.

8 Die Nacht wirft ihre Schatten

s, ss oder *ß*?

Regel 1

Steht der ***s*-Laut im Wortstamm** zwischen **kurzem Vokal** und ***p*** oder ***t***, so wird er immer mit **einfachem *s*** geschrieben.

Beispiele

Wespe	*lispeln*	*Kasper*
fest	*hastig*	*Post*

Teil 1

Endlich allein!

Das Fest war vorbei! | Ein Laster hatte Tische, Bänke, Abfallreste | und Limokästen weggefahren | und nur Jan, Axel und einige hartnäckige Wespen zurückgelassen. |

Die beiden Jungs waren bei bester Laune! | Gestern hatten sie sich vor den anderen gebrüstet, | sie würden heute Nacht ganz allein | hier am See zelten. | Doch die Eltern hatten erst gezögert! | Als Axels Bruder Christoph | dann aber seine Campingausrüstung herausrückte, | gaben sie nach. | Jans Mutter packte Essen ein, | als wollte sie Gänse mästen. | Außerdem mussten die Jungs ihr fest versprechen, | stets ihre dicken Westen zu tragen. |

Und nun stocherten sie mit rostigen Eisenstangen im Feuer, | das lustig knisterte. | Es war wirklich wie im Western! | Nach und nach wurde es dunkel. | In den Schilfrispen am Seerand | wisperte ein leichter Wind | und das Kuppelzelt, | vorhin hastig aufgebaut, | sah im Halbdunkel aus wie ein Zwergenpalast.

(134 Wörter)

Loslegen! **Schreibe die blauen Wörter heraus und ordne sie in einer Tabelle nach den kurzen Stammvokalen *a/ä, e, i, o* und *u/ü*.**

Regel 2

Nach **langen Vokalen** oder **Diphthongen** steht niemals *ss*, sondern ***s*** oder ***ß***:

- ***ß*** steht bei **stimmloser** („scharfer") Aussprache,
- ***s*** steht bei **stimmhafter** („gesummter") Aussprache.

Am Wortende kann man den Unterschied jedoch nicht hören. Hier hilft die Verlängerungsprobe weiter.

Beispiele

Soße	*Lose*
Grüße	*Rasen*
heiß → heißer	*Haus → Häuser*

Teil 2

Ist da jemand?

Schließlich schlüpften die Jungs aus ihren Hosen | und kuschelten sich in die Schlafsäcke. | Mittlerweile war es draußen | stockdunkel und lausig kalt geworden. | Wie sie die Wärme in ihrem Ersatzhäuschen | plötzlich genießen konnten! |

Bald schon hörte Jan | Axel im Schlaf gleichmäßig atmen. | Auch er wollte gerade die Augen schließen | und die Lampe ausknipsen, | da schreckte er auf! | Mit einem miesen Gefühl im Bauch | horchte er angestrengt in die Nacht. | Es war ihm, | als umkreiste etwas ihr Zelt. | „Axel, wach auf!", | zischte Jan aufgeregt. | Doch Axel brummelte bloß griesgrämig | und war ungenießbar. |

Wieder raschelte es im Gras. | Was konnte das sein? | Grausige Bilder sausten in Sekundenschnelle durch Jans Kopf. | Trotz der Kälte fühlte er Schweiß den Rücken hinabfließen. | Seine Arme und Beine waren wie gelähmt | und ließen sich kaum bewegen! | Da fiel ein riesiger Schatten auf das Zelt. | Axel konnte sich nicht mehr zusammenreißen! | Laut schrie er auf!

(146 Wörter)

Loslegen!

Lies das Diktat laut und betone dabei die stimmlosen und stimmhaften *s*-Laute.

Regel 3

Ist man sich nicht sicher, ob man in einem Satz *das* oder ***dass*** schreiben muss, hilft folgende Regel:

- Kann man es durch ***dieses*** oder ***welches* ersetzen**, so steht ***das*** mit **einfachem *s***. Es handelt sich dann um einen **Artikel** oder ein **Pronomen** (Fürwort).
- Ist es **nicht ersetzbar**, so steht ***dass*** mit **Doppel-*ss***. Es handelt sich dann um eine **Konjunktion** (Bindewort).

Beispiele

Das* / *Dieses *ist der Fußball, den ich geschenkt bekommen habe.*
Zeig mir ***das* / *dieses*** *Skateboard,* ***das* / *welches*** *dir so gut gefällt!*
Die Schulaufgabe war so schwer, ***dass*** *ich kaum etwas wusste.*

Teil 3

Das Monster

Das hatte nun auch Axel aufgeschreckt! | Schlaftrunken bemerkte er, | dass Jans Augen weit geöffnet waren | und dass sein Freund vor Angst zitterte! | Doch bevor er fragen konnte, | was das alles sollte, | bemerkte auch er, | dass da etwas war, | das einen gigantischen Schatten auf das Zelt warf. |

„Das gibt's doch gar nicht!", | stammelte er. | Jetzt fing das Ding, | das sich in Zeitlupe bewegte, | auch noch an zu zischeln, | sodass sich die Jungs enger zusammenkauerten! | Hey, das hört sich an wie das Lied, | das in diesem Spiel vorkommt!", | wisperte Jan. | „Klar, das ist: | Wer hat Angst vorm schwarzen Mann?" | Da wurde der Reißverschluss so heftig aufgerissen, | dass unseren beiden Helden ein Kreischen entfuhr, | das das volle Ausmaß ihres Entsetzens verriet! |

„Das sind mir aber Angsthasen!" | Christophs Gesicht, das im Zelteingang auftauchte, | lachte ihnen so unverschämt entgegen, | dass sie sich spontan und erleichtert auf ihn stürzten. | Das Monster war nur der kleine Bruder …

(151 Wörter)

Loslegen!

Schreibe das Diktat ab.

9 Sommerparty mal ganz anders!
Fremdwörter 1

Regel 1

In **Fremdwörtern** werden manche **Laute** oft **anders** geschrieben als im Deutschen:

- *f* wird oft ***ph*** geschrieben,
- *k* wird oft ***ch*** geschrieben,
- *t* wird oft ***th*** geschrieben.

Beispiele

***Ph**ilosop**h**ie*	*Al**ph**abet*	*Stro**ph**e*
***Ch**arakter*	***Ch**or*	***ch**aotisch*
***Th**ema*	*Apo**th**eke*	***Th**ron*

Teil 1

Erleuchtung unter Wasser

Wie eine Verrückte | kraule ich zu Christine hinüber! | Ich bin gerade aufgetaucht, | um das Chlorwasser aus Nase und Mund zu prusten, | da habe ich ihren katastrophalen Schrei gehört. |

Auf dem Weg durchs Schwimmbecken | prophezeit sich mir ein schreckliches Bild: | Christine schlaff in meinen Armen, | gar nicht mehr athletisch, | und ich in der letzten Phase der Mund-zu-Mund-Beatmung! |

Als ich sie völlig erschöpft erreiche, | grinst sie triumphierend. | „Was ist das denn für ein Theater!", | kreische ich sie an. | „Das nenne ich einen fiesen Charakter! | Mich so zu erschrecken!" |

Doch Christine meint nur gelassen: | „Reg dich ab. | Ich bin gerade geschwommen, | da hatte ich das Thema für unser Sommerfest: | Chaos H_2O! | Wenn das Thermometer es erlaubt, | verlegen wir das Fest ins Freibad. | Wir sollten gleich Herrn Schneider | wegen der ganzen Technik fragen. | Er ist der sympathischste Physiklehrer | und muss sich damit ja theoretisch auskennen!"

(141 Wörter)

Loslegen!

Schreibe die blauen Wörter ab und ordne sie in einer Tabelle den Lauten *f*, *k* und *t* zu.

Regel 2

Besonders **Fremdwörter aus dem Französischen** hören sich oft ganz anders an, als sie geschrieben werden. Häufig sind Fehler bei der Schreibung folgender Substantiv-Endungen:

langes *i*	in	***-in / -ine***
langes *ö*	in	***-eur / -euse***
stimmhaftes *sch*	in	***-age***

Beispiele

*Benz**in***	*Gard**ine***
*Mass**eur***	*Souffl**euse***
*Et**age***	*Pass**age***

Teil 2

Mordsspaß verlangt Mordsarbeit!

Da hat sich meine Cousine ja wieder was ausgedacht. | Immer sitzen Christine irgendwelche Rosinen im Kopf. | Aber gerade wegen dieser Verrücktheiten und ihrer Courage | mag ich sie so gern. |

Die SMV trifft sich zur nächsten Routinesitzung in unserer Garage. | Hier ist genug Platz, | da Vati sein Auto, | das ich nur zärtlich Schrottlimousine nenne, | meist auf dem Gehsteig parkt. | Es ist typisch! | Wieder einmal kommen alle zu spät | und haben Ausreden parat: | Tims Friseuse ist nicht rechtzeitig fertig geworden, | Kathi musste noch Violine üben, | und Micha hatte vergessen, | Pralinen für den Geburtstag seiner Mutter zu kaufen. |

Christine kocht vor Wut. | „Das wird eine schöne Blamage, | wenn wir zum Sommerfest | nichts auf die Reihe bekommen!“, | schimpft sie und macht dazu eine verzweifelte Visage. | Ich bin doch keine Arbeitsmaschine, | die alles allein organisieren kann! |

Das sitzt! | Und so beginnen wir gemeinsam, | wie Konstrukteure auf Montage, | an unserer Sommerparty zu basteln!

(147 Wörter)

Loslegen!

Lies das Diktat laut und betone dabei die Fremdwort-Endungen.

Regel 3

In **Fremdwörtern**, wird der ***ä*-Laut** unterschiedlich geschrieben. In welchen Wörtern die Schreibung mit ***ä, a*** oder ***ai*** gilt, muss man auswendig lernen!

Beispiele

Daddy	*Walkman*
Diät	*souverän*
fair	*trainieren*

Teil 3

Ran an den Speck!

Chaos H_20 | soll die legendärste Veranstaltung dieser Sommersaison werden. | Ein ganz besonderes Flair wollen wir schaffen | – das haben wir uns fest vorgenommen. |

Mit Christine als Kapitän an der Spitze | marschieren wir also erst einmal zur Stadtverwaltung | und loten aus, | ob wir das Terrain für unser Open Air | überhaupt nutzen dürfen. | Dort tut die zuständige Beamtin im spießigen Mohairpulli | zunächst ziemlich autoritär | und zählt Sicherheitsbestimmungen auf. | Als wir aber erklären, | dass es um ein Schulfest geht, | wird sie auf einmal richtig fair | und willigt ein. |

Um das ganze Technikzeug | kümmern sich Christine und Kathi. | Die bekommen die Sachen über ihre Band, | die vor dem DJ auftreten soll | Kathi spielt Violine | und Christine singt im Background. |

Auch das Essen soll nichts Ordinäres sein. | Deshalb hänge ich mich ans Handy | und beauftrage Mitschüler, | populäre Speisen wie Kartoffelsalat mitzubringen. | Als Prämie verspreche ich kostenlosen Eintritt.

(140 Wörter)
Fortsetzung folgt!

Loslegen!

Schreibe das Diktat ab.

10 Volle Kanne Partyfieber!
Fremdwörter 2

Regel 1

In **Fremdwörtern** steht **fast nie** ein **Dehnungs-*h***, auch wenn man es nach unseren Regeln erwarten würde.

Beispiele

banal	*Basar*	*Roman*
Humor	*Idol*	*Nomen*

Teil 4

Lampenfieber

Am Abend vor dem Fest sitzen wir in unserem Garagen-Salon | auf dem zerbeulten lila Sofa. | Das Klima im Raum ist kaum zu ertragen, | denn draußen ist es immer noch drückend heiß. | Wenn das Thermometer | auch morgen wieder so astronomisch klettert, | dann wird unser Schwimmbadfest der Knaller! |

„Ich denke, jetzt haben wir alle wichtigen Probleme gelöst", | meint Christine erschöpft. | Jeder von uns hat sich in den letzten Tagen | extrem reingehängt, damit alles klappt. | Und das sieht man uns an: | Tim hängt erschöpft auf dem Diwan wie ein alter Veteran, | ich selbst habe bei den Vorbereitungen der letzten Tage zwei Kilo abgespeckt, | sodass mein Pyjama schlottert. | Und Kathi hat sich bei den Aufbauarbeiten die Hand eingeklemmt. |

„Genug der Jammerei über Blessuren! | Was haltet ihr von einem guten Film im Kino?", | muntert uns Christine in ihrem gewohnten Gute-Laune-Jargon auf. | Alle finden das eine prima Idee!

(143 Wörter)

Loslegen!

Lies das Diktat laut und betone dabei die gedehnten Vokale. Unterstreiche bei jedem Wort die Buchstaben, die im Deutschen Anzeichen für ein Dehnungs-*h* wären.

Regel 2

Es gibt natürlich auch **Fremdwörter**, die **Doppelkonsonanten** aufweisen. Diese Doppelkonsonanten werden jedoch nicht unbedingt nach den deutschen Regeln gesetzt.

Wo immer du auf ein solches Fremdwort stößt, solltest du es dir gut einprägen!

Beispiele

*A**pp**laus*	*Ko**rr**ektur*	*Ba**ll**e**tt***
*Abo**nn**ement*	*A**tt**est*	*A**pp**e**ll***

Teil 5

Jetzt geht's los!

Ich stehe neben dem schmalen Korridor, | der den Eingang des Freibades bildet, | und fasse es nicht! | Eine Menschenschlange steht an der Kasse, | als gäbe es massenhaft Lotteriegewinne abzuholen! | Die Wartenden machen sich gegenseitig Konkurrenz im Schubsen, | Drängeln und Stoßen. |

Wie gut, dass Tim für Ordnungspersonal gesorgt hat, | das wie ein Kommissar jede Rüpelei verfolgt, | um aggressive Ausschreitungen zu verhindern. | Auf dem Festgelände selbst | hat zunächst das Büfett auf der Terrasse | das Interesse vieler Besucher geweckt. | Wie Kannibalen stürzen sich manche | auf die angebotenen Leckereien. | Besonders Spaghetti und Cannelloni | mit verschiedenen Soßen sind der Renner. | Andere genehmigen sich lieber gleich einen Espresso. |

Es dämmert schon | und ich freue mich wahnsinnig auf die Lichteffekte, | die aus dem batteriebetriebenen Apparat kommen werden, | den Tim und Kathi organisiert haben. | Sie wollen die gesamte Fassade der Umkleideräume damit illuminieren. | Das Licht wird sich zauberhaft im Wasser widerspiegeln.

(142 Wörter)

Loslegen!

Schreibe das Diktat ab.

Regel 3

Viele **Fremdwörter**, die im Deutschen sehr häufig verwendet werden, dürfen der **deutschen Schreibung angeglichen** werden. Dies gilt für alle Fremdwörter mit den Wortbestandteilen ***phon, phot*** und ***graph*** sowie für einige **Fremdwörter mit *th, ph*** und ***gh***!

Beispiele

Panther	→	*Panter*	*Graphiker*	→	*Grafiker*
Delphin	→	*Delfin*	*Saxophon*	→	*Saxofon*
Joghurt	→	*Jogurt*	*Photosynthese*	→	*Fotosynthese*

Teil 6

Oh weh!

„Das läuft ja fantastisch / phantastisch!", brüllt Christine. | Sie muss schreien wie durch ein Megafon / Megaphon, | da die Band schon im Rampenlicht auf der Bühne steht. | Dort werden die Instrumente gestimmt | und Sprechproben gemacht. | Die Stimmung ist bombig! |

Darauf bedacht, meine Pfunde wieder zu ergänzen, | stecke ich mir genüsslich ein Tunfischbrötchen / Thunfischbrötchen in den Mund | und schiele dabei schon gierig auf den Fruchtjogurt / Fruchtjoghurt. | Da wird es plötzlich stockfinster! | Aus den Mikrofonen / Mikrophonen kommt kein Laut mehr: Stromausfall! | Alles scheint erstarrt wie auf einer Fotografie. | Das war's dann wohl! | So viel Arbeit für nichts! |

Doch da – Christine! | Geschickt wie ein Panter / Panther im Dschungel | bahnt sie sich einen Weg auf die Bühne. | Im Arm eine Ladung Kerzen und ein Feuerzeug. | „Wer braucht schon Mikrofone / Mikrophone!", schreit sie, | und die Band beginnt – unplugged! |

Das Publikum belohnt so viel Fantasie / Phantasie | mit einem riesigen Applaus, | und mir fällt ein Stein vom Herzen! | Die Party ist gerettet!

(145 Wörter)

Loslegen!

Schreibe die blauen Fremdwörter in der eingedeutschten Form heraus und notiere jeweils die ursprüngliche Schreibweise mit *th, ph* oder *gh* in Klammern daneben.

11 Dunjas Weihnachtsüberraschung
Komma oder nicht? 1

Regel 1

Zwischen den **Gliedern** einer **Aufzählung** steht ein **Komma**, wenn sie nicht durch die Konjunktion *und, oder* usw. verbunden sind.

Beispiele

Jedes Schuljahr brauchst du neue ***Hefte, Umschläge, Stifte.***
Leih mir doch deinen ***schönen, neuen, blauen*** *Kugelschreiber.*

Teil 1

Oh Tannenbaum

Traut vereint stand die Familie vor dem Weihnachtsbaum | und sang die Lieder: | „Oh Tannenbaum“, | „Es ist ein Ros’ entsprungen“, | „Macht hoch die Tür“. | Vati, Mutti, Opa, Oma | blickten dabei versonnen ins Kerzenlicht. | Wir Kinder schielten jedoch schon | auf die Schachteln, Dosen, Päckchen unter den Zweigen. | War das mit der großen, roten Schleife | vielleicht der ersehnte Walkman? |

Stundenlang hatten wir ausgeharrt, | bis das helle, silberne Bimmeln | der Weihnachtsglocke uns rief. | Die Wartezeit war uns durch Omas Weihnachtsgeschichten, | Muttis herrliche Weihnachtsplätzchen, | Opas Kartentricks versüßt worden. | Und wie immer | hatte ich bei unserem langsamen, feierlichen Einzug ins Wohnzimmer | ein unbeschreibliches, aufgeregtes Kribbeln im Bauch gehabt. |

Nun wurde ich durch ein merkwürdiges, leises, keuchendes Geräusch | aus meinen Gedanken gerissen. | Es kam direkt aus Muttis Arbeitszimmer | und ich fragte mich, | ob es nicht doch Weihnachtsmänner, | einen Knecht Ruprecht, | ja sogar Engel gab!

(136 Wörter)

Loslegen!

Schreibe die Aufzählungen ab und hänge an jede Aufzählung noch zwei weitere Glieder an.

Regel 2

Aneinandergereihte **Hauptsätze** werden durch **Komma** getrennt.

Beispiele

Thomas geht, Andrea kommt.
Ich wünsche mir eine Haarspange, meine Schwester wünscht sich eine Musik-CD.

Teil 2

Unter dem Klavier

Auch die anderen schienen das Geräusch nun gehört zu haben. | Mutti blickte Vati fragend an, | Vati blickte uns Kinder fragend an, | wir zuckten ratlos die Schultern. |

„Wo ist denn eigentlich Dunja?", | fragte in diesem Moment meine Schwester Stefanie, | wohl einer inneren Eingebung folgend. | Dunja war unsere Colliehündin, | meine Mutter hatte sie aus einem Tierheim geholt, | und nun war sie uns ein treues und liebes Familientier. | Ich lief zur Tür des Arbeitszimmers | und spähte durch den Rahmen. |

„He, Dunja pinkelt unter das Klavier!", | rief ich Mutter zu. | Die wusste jedoch sofort Bescheid. Vor einiger Zeit | hatten wir unsere Hündin von einem Rüden decken lassen, | jetzt suchte sie sich wohl | einen passenden Geburtsort aus. |

Mit vereinten Kräften packten wir das hechelnde Tier, | schleppten es in den Hauswirtschaftsraum, | und Vater legte es dort | in eine extra für diesen Zweck vorbereitete Kiste auf einen Strohsack.

(141 Wörter)

Loslegen!

Schreibe das Diktat ab.

Regel 3

Zwischen **Haupt- und Nebensatz** steht ein **Komma**.
Ist der **Nebensatz in den Hauptsatz eingeschoben**, trennt man ihn nach **beiden Seiten** durch ein Komma.

Beispiele

Angehängter Nebensatz:
Zu Weihnachten essen wir immer vor der Bescherung, ***damit man zum Auspacken genug Zeit hat****.*

Eingeschobener Nebensatz:
Das Buch, ***das Opa mir geschenkt hat,*** *habe ich in einer Nacht durchgelesen.*

Teil 3

Das geht ja wie's Brezelbacken!

Ab jetzt ging es wirklich schnell! | Unsere Hundedame schnaufte und drückte, | während ein Welpe nach dem anderen | ihren Bauch verließ. |

Diese glitschigen Würstchen, | die von der Hundemama mit viel Liebe abgeschleckt wurden, | sollten Collies sein? | In meinen Augen sahen sie eher wie Rattenbabys aus. | Das Fell war gar nicht weich und lockig, | sondern klebte glatt und nass | an den kleinen Körpern. | Ich wunderte mich auch, | weil die Schnauzen stumpf und rund waren. | Selbst die Schwänzchen erinnerten an die von Mäusen. |

Doch Mutti beruhigte mich: | „Das ist alles so, | damit die Babys besser in Dunjas Bauch gepasst haben. | Das wird sich in den nächsten Wochen | ganz schnell ändern. | Nach und nach werden sie Dunja immer ähnlicher." |

Obwohl gerade erst vier Stunden vergangen waren, | lagen schon neun kleine Collies auf dem Strohsack. | „Donnerwetter!", rief Opa, | als das zehnte Hündchen kam. | „Das ist mal ein aufregendes Weihnachtsgeschenk!"

(144 Wörter)
Fortsetzung folgt!

Loslegen!

Schreibe alle Hauptsatz-Nebensatz-Verbindungen heraus und unterstreiche die Nebensatzeinleitung (Konjunktion / Pronomen) farbig.

12 Dunjas kleine Racker
Komma oder nicht? 2

Regel 1

Ein **Hauptsatz** (HS) kann durch **beliebig viele Nebensätze** (NS) ergänzt werden. **Zwischen** diesen **Nebensätzen** steht ein **Komma.**
Sind die Nebensätze durch ***und, oder, beziehungsweise*** *(bzw.)* verbunden, steht **kein Komma**.

Beispiele

Ich freue mich schon im Herbst auf die Adventszeit (HS), *weil Mutti uns einen Adventskalender macht* (NS 1), *der jedes Jahr anders aussieht* (NS 2).

Teil 4

Zehn Rippchen und eine Flasche Liebesperlen

Da hatten wir also zehn kleine Hundebabys, | die nicht nur von Tag zu Tag süßer wurden, | sondern auch an Größe zunahmen. | Vati zweifelte daran, | dass Dunja, | die durch die Geburt ja schon ganz ausgemergelt war, | genug Milch für alle unsere Lieblinge haben würde. |

Wir mussten also mit einem Fläschchen zufüttern. | Das war jedoch problematisch, | da die Säuglingsflaschen, | die aus unseren Babytagen stammten, | nicht in die kleinen Hundemäulchen passten. | Da kam mein Bruder Max auf eine prima Idee: | „Wir können doch im Süßwarenladen | kleine Fläschchen mit Liebesperlen kaufen, | die wir dann ausleeren, | um damit unsere Hundekinder zu füttern!“ |

Gesagt, getan. | Doch obwohl wir uns abwechselten, | um den Hündchen regelmäßig ihre Mahlzeiten zu verabreichen, | reichte die Milch als Nahrung | schon bald nicht mehr aus. |

So marschierte Mutti täglich zum Metzger, | von wo sie immer frische Rippchen mitbrachte, | die unsere kleinen Racker | dann mit viel Genuss und Getöse verzehrten.

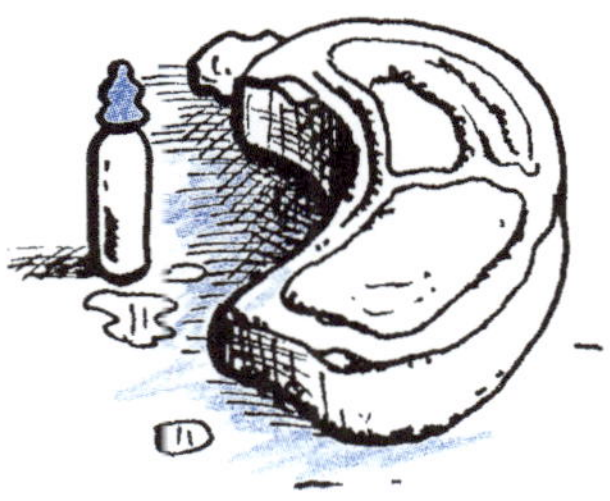

(146 Wörter)

Loslegen!

Schreibe das Diktat ab und unterstreiche anschließend den jeweils ersten Nebensatz grün und den zweiten rot. Achtung: Es gibt auch hier eingeschobene Nebensätze!

Regel 2

Vergleichende Sätze mit der Einleitung ***wie*** oder ***als*** werden durch ein **Komma** voneinander getrennt.

Beispiele

Der Weihnachtsbaum war dieses Jahr genauso geschmückt, ***wie Mutti ihn jedes Jahr geschmückt hatte.***

Dein Buch hat diesmal aber viel mehr Seiten, ***als es beim letzten Buch waren.***

Teil 5

Das Kindermädchen

Nach ein paar Wochen schon | kletterten die ersten Frechdachse über die Absperrung, | die den Geburtsraum vom Rest des Hauses trennte. | Wie es alle hartnäckigen Anfänger tun, | nahmen sie immer wieder Anlauf | und gaben nicht auf, | bis sie mit Hängen und Würgen | über das Brett gepurzelt waren. |

Diesem Spektakel beizuwohnen | war lustiger, | als im Zirkus einem Clown zuzusehen! | Sind die Kleinen einmal so weit, | übernimmt normalerweise der Hundepapa die Erziehung, | wie die Natur es eben vorsieht. | Doch der Vater war ja weit weg! |

Eines Tages hörte ich plötzlich Lärm aus dem Garten nebenan. | Es klang, | als würden sich die Nachbarn | köstlich über etwas amüsieren. | Ich spitzte, | wie Spione es tun, | durch die Büsche | und sah unsere Katze Mira. | Hinter ihr, | wie Gänse marschierend, | die Hundebabys! | Mira hatte ihre Erziehung übernommen | und machte ihre Sache besser, | als jeder Hundepapa es hätte machen können!

(141 Wörter)

Loslegen!

Lies das Diktat laut und mache überall da Sprechpausen, wo ein Komma steht.

Regel 3

Das **Komma** trennt **Anreden** und **Interjektionen** (Ausrufe / Empfindungswörter) vom Rest des Satzes.

Beispiele

Anrede:	*Was bedeutet das, **Papa**?*
Interjektion:	***Ach,** du hast doch keine Ahnung!*

Teil 6

Auf Wiedersehen!

„Oh weh, | müssen wir wirklich alle wieder hergeben?", | heulten wir, | als Mutti verkündet hatte, | dass die kleinen Collies nun verkauft werden müssten. | „Vati, | sag du doch auch etwas", | quengelte Max. | „Du willst sie doch auch behalten!" |

„Kinder, | ihr müsst uns verstehen", | beschwichtigte nun auch Vati. | „Das können wir uns doch gar nicht leisten, | alle zu behalten. | Meine Güte, | wir haben doch gar nicht genug Platz hier!"

Ach, | unsere Lieblinge mussten fort. | Doch wir beschlossen, | die neuen Herrchen und Frauchen | genauestens unter die Lupe zu nehmen. | So fragten wir beispielsweise: | „Mein Herr, | haben Sie einen großen Garten, | in dem der Hund spielen kann?" | Oder: „Mutti, | bist du sicher, | dass dieses Mädchen oft genug spazieren geht?" | So fand, | Gott sei Dank, | jeder Zögling ein neues Zuhause. |

Wie schön, | so mancher unserer kleinen Freunde | besucht uns noch heute beim Spaziergang mit den neuen Besitzern.

(141 Wörter)

Loslegen!

Schreibe das Diktat ab.

Teil IV

Diktate 8.–10. Klasse

Sachgeschichten

1 Aufbruch zu einer Zeitreise
Welcher Vokal?

1. Lange Vokale

Regel

Ein **Dehnungs-*h*** steht oft (aber nicht immer!),
- wenn der **Wortstamm** mit einem **langen Vokal endet**;
- wenn auf einen langen Stammvokal ***l, m, n, r*** **folgt**.

Dies gilt natürlich auch für die gebeugten Wortformen und die gesamte Wortfamilie.

Beispiele

- *Ru**h**e, Sch**uh**, g**eh**en, m**äh**en, n**ah**en, fr**üh***
- *H**öhl**e, L**ehm**, **Ähn**lichkeit, d**ehn**en, r**ühr**en, l**ahm***

Diktat

Per Mausklick in die Vergangenheit

Typisch Lehrer! | Da möchten sie, | dass die Hausaufgaben leserlich geschrieben sind, | und fordern eine ordentliche Heftführung; | wenn aber jemand seinen Aufsatz | mit dem Computer schreibt, | ist es auch verkehrt. | Dabei könnten sie doch froh sein, | dass die meisten Schüler | schon wahre Profis sind | und mit einem Rechtschreib-Programm | sogar Fehlerfreiheit garantieren ... | Stattdessen muss man alles mühsam | mit der Hand schreiben, | wozu man ungefähr die doppelte Zeit benötigt. | Na ja, verstehen kann man sie ja; | aber sie könnten ruhig etwas moderner sein. |

Zum Glück sehen sie es sehr gern, | wenn Schüler fähig sind, | selbstständig durch das Internet zu surfen | und sich aus der ganzen Welt Informationen zu holen. | Übrigens machen viele das sogar freiwillig, | weil es einfach spannend ist. | Da macht es sogar Spaß, | per Mausklick in die Vergangenheit zu reisen, | um zu erfahren, | was früher so alles los war | – vor Hunderten oder Tausenden von Jahren. | Kommt ihr mit?

(147 Wörter)

Aufgabe

Lies den Text laut. Achte dabei besonders darauf, ob in den blauen Wörtern der Vokal kurz oder lang ausgesprochen wird.

2. *ä* oder *e*? *äu* oder *eu*?

Regel

Man schreibt ein Wort mit ***ä*** bzw. ***äu***, wenn seine **Grundform** oder das entsprechende **Stammwort** mit ***a*** bzw. ***au*** geschrieben wird.

Beispiele

er gräbt	(Grundform: *graben*)
ändern	(Stammwort: *anders*)
erklären	(Stammwort: *klar*)
Häuser	(Grundform: *Haus*)
Gemäuer	(Stammwort: *Mauer*)
äußerlich	(Stammwort: *außen*)

Diktat

Neugier muss nicht teuer sein

Auch wer keinen eigenen Computer besitzt, | kann seine Neugier befriedigen. | In den meisten Orten | gibt es inzwischen ein Internet-café, | in dem man im WWW-Universum unbehelligt surfen kann. | Dieses Abenteuer ist völlig ungefährlich | und kaum teurer als ein Eis. |

Und wohin geht nun die Reise? | Die Cyberspace-Welt ist nahezu grenzenlos. | Mit jedem Mausklick | öffnen sich ungeahnte Räume. | Hier kann man sich tatsächlich | manche kleinen Träume erfüllen: | Ein Fußballfan erfährt, | ob seine Mannschaft heute gewonnen hat. | Wer Karate lernen möchte, | findet einen Experten, | der ihm in verständlicher Sprache die Regeln erklärt. | Und wer sich für fremde Länder interessiert, | der macht sich ohne aufwändige / aufwendige Kosten | einfach auf die Reise.

Und falls jemand etwas über Burgen im Mittelalter, | die technischen Erfindungen in der Antike | oder die Lebensverhältnisse in der Steinzeit wissen möchte? | Auch darüber erhält er blitzschnell | Bilder und Infos aus dem Internet, | das tagtäglich weiter wächst.

(143 Wörter)

Aufgabe

Schreibe den Text sorgfältig ab. Konzentriere dich besonders auf die Stammvokale der blauen Wörter.

3. Fremdwörter

Regel

Die besondere Schreibweise der Vokale in den **Fremdwörtern** muss man sich bei jedem einzelnen Wort **einprägen**.

Beispiele

langes ***a***: *Et**a**t* (Geldmittel), *Duplik**a**t* (Doppel)
langes ***e***: *Hypoth**e**se* (Vermutung), *Id**ee*** (Einfall)
langes ***i***: *T**ea**m* (Arbeitsgruppe), *Spl**ee**n* (seltsamer Einfall)
langes ***o***: *Archäol**o**ge* (Altertumsforscher), *Meth**o**de* (Verfahren)
langes ***u***: *Instit**u**t* (Unternehmen), *c**oo**l* (ruhig, überlegen)

Diktat

Woher wir etwas über die Vergangenheit wissen

Weißt du, | was ein Archäologe den ganzen Tag macht? | Er beschäftigt sich mit sehr alten Dingen. | Und da diese oft von Erde bedeckt sind, | müssen sie meist erst mit ausgeklügelten Methoden | ausgegraben werden. | Nein, er hat keinen Spleen, | sondern er ist nur ein wissbegieriger Mensch | mit einem Kopf voller Ideen. | Dieser Beruf ist nichts für Chaoten. | Denn man muss schon systematisch vorgehen, | wenn das Ausgraben kein Buddeln sein soll. |

Und was macht man, | wenn das Ausgrabungsteam | etwas Interessantes gefunden hat? | Zunächst einmal cool bleiben. | Und danach wird gedacht | und untersucht und verglichen | und zum Schluss möglichst eine Hypothese aufgestellt. | Natürlich muss sie dann wissenschaftlich bewiesen werden. |

Für diesen Beruf | braucht man also sehr viel Geduld | und sehr viel Geld, | das der Staat als Forschungsetat | einem Institut zur Verfügung stellt. | Die Ergebnisse solcher Arbeit | kann man dann entweder im Museum bewundern | oder sie werden | – meist im Original, | manchmal auch als Duplikat – | an der Fundstelle gezeigt.

(153 Wörter)

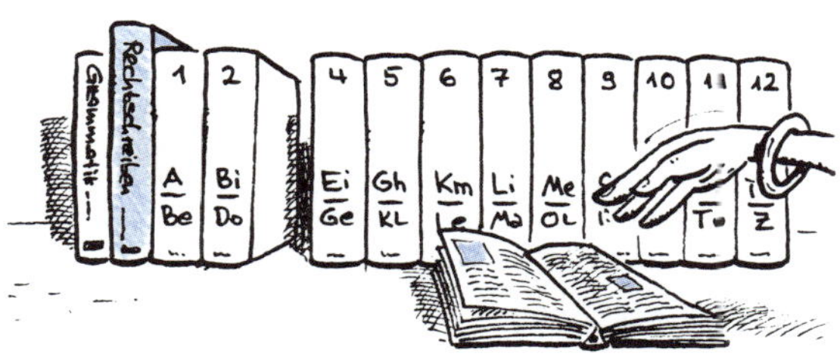

Aufgabe

Schreibe die blauen Wörter dreimal ab und präge sie dir ein.

2 Wie man wohnte
Konsonantenzahl

1. Der einfache Konsonant

Regel

Ein einfacher Konsonant steht
- **nach langem Stammvokal** oder **Diphthong;**
- **nach kurzem Stammvokal, wenn** – mindestens – ein **weiterer anderer Konsonant folgt** (Konsonantenhäufung).

Beispiele

- *Stab, Regen, Boden, Stein, Maus, Leute*
- *warm, kalt, dunkel, merken, borgen, Markt*

Diktat

Wie viel Bequemlichkeit braucht der Mensch?

Hand aufs Herz! | Auf welche Dinge in deinem Zimmer | würdest du freiwillig verzichten? | Vielleicht auf einiges. | Aber wohl kaum auf vieles.|

Man kann sich heute kaum noch vorstellen, | dass es Zeiten gab, | in denen die Menschen | ohne all die Dinge auskamen, | die uns das Leben so angenehm machen: | ohne Fernseher, | Dusche, | ja sogar ohne festes Dach über dem Kopf. | Natürlich ist das schon sehr lange her. |

Als die Menschen noch Jäger und Sammler waren, | lebten sie weitgehend im Freien | und zogen sich bei Kälte, | Wind und Regen | in Höhlen zurück. | Wenn diese am Hang lagen, | konnte man die Wanderungen des Wildes | aus der Ferne beobachten. | Als Unterkunft für das ganze Jahr | wurden die Höhlen vermutlich nur selten genutzt, | da sie dunkel und ungemütlich waren. | Außerdem galten sie oft | als heilige Orte der Götter, | wovon viele Felsbilder und Opferfunde | – zum Beispiel in Frankreich und Spanien – | heute noch Kunde geben.

(148 Wörter)

Aufgabe

Schreibe das Diktat ab.

2. Der doppelte Konsonant (Schärfung)

Regel

Ein Konsonant wird oft **nach kurzem Stammvokal verdoppelt,**
- wenn ein **Vokal folgt**
- wenn der **Wortstamm mit Konsonant endet.**

Dies gilt natürlich auch für die gebeugten Wortformen und die gesamte Wortfamilie.

Beispiele

- *Hi**mm**el, So**nn**e, We**tt**er, bru**mm**en, umki**pp**en, so**ll**en*
- *Bla**tt**, Gestrü**pp**, Ma**nn**, Na**rr**, Schi**ff**, Schla**mm***

Diktat

Häuser zum Mitnehmen

So genügsam wie in der Frühzeit | sind die Menschen bekanntlich nicht geblieben. |

Solange sie noch nicht sesshaft waren, | zog die Gruppe hinter den Jagdtieren her. | Bald begann man | zeltartige Hütten zu bauen, | deren Bestandteile man mitnehmen | oder zurücklassen konnte: | In vielen Fällen | wurde ein Baumstamm in die Erde gerammt, | der als Mittelpfosten die Wände halten sollte. | Diese waren nicht starr, | sondern bestanden aus Ästen, | zwischen die man Tierfelle spannte. | Manchmal füllte man auch die Zwischenräume | mit dünnem Zweiggeflecht, | großen Blättern oder Pflanzenfasern aus. So konnte man sich vor schlechter Witterung | und gefährlichen Tieren schützen | und es sich ein wenig bequem machen. | Solche Behausungen waren ein großer Fortschritt | in der Geschichte der Menschheit. |

Vereinzelt gibt es allerdings auch noch heute Menschen, | die solche nomadische Lebensweise bevorzugen | und mit der Großfamilie | von Weidegrund zu Weidegrund ziehen. | Die Bauart ihrer mobilen Wohnstätten | ist jedoch inzwischen erheblich „moderner“ geworden.

(145 Wörter)

Aufgabe

Schreibe alle blauen Wörter dreimal ab.

3. Fremdwörter

Regel

Auch die besondere Schreibweise der Konsonanten in **Fremdwörtern** muss man sich bei jedem einzelnen Wort **einprägen**.

Beispiele

Kategorie	(Gattung)	*Batterie*	(Stromspeicher)
Toleranz	(Duldsamkeit)	*Kontrolle*	(Überwachung)
Komitee	(Ausschuss)	*Kommentar*	(Erklärung)
Literatur	(Dichtung)	*Terrasse*	(Erdaufhäufung)
apart	(geschmackvoll)	*Apparat*	(techn. Vorrichtung)
anonym	(namenlos)	*Annonce*	(Anzeige)

Diktat

Alte Techniken – heute wieder modern

Wetten, dass es stimmt? |
Vor mehr als 10 000 Jahren | begannen die Menschen im Vorderen Orient | Häuser aus Lehm zu bauen, | und heute ist Lehmarchitektur auch in Europa modern! | Seitdem Experten herausgefunden haben, | dass die tradierte Bauweise wohnklimatisch sehr gesund | und ökologisch empfehlenswert ist, | erlebt sie in vielen Ländern eine wahre Renaissance. |

Hierbei wird (seit Jahrtausenden) | Lehm mit pflanzlichen Substanzen | – meist Grasstroh – | gemischt, | wobei die chemische Reaktion beider Materialien | die Haltbarkeit erhöht. | Entweder wird der Lehm dann zu Ziegeln geformt | und in der Sonne getrocknet | oder stabile Rahmenkonstruktionen werden | – wie bei Fachwerkhäusern – | mit Flechtmatten und der Lehmmischung gefüllt. |

Die Resultate solcher Kulturtechnik | sind beachtlich, | weltweit: | Die Pueblo-Indianer bauen heute noch | auf diese Weise Terrassenbauten | und im Jemen, in Algerien und Marokko | gibt es seit Jahrhunderten | bewohnte Lehmhäuser mit vielen Etagen. | – Wie groß ist nun eigentlich der Fortschritt, | seit die Menschen sesshaft wurden???

(141 Wörter)

Aufgabe

Lies den Text sorgfältig durch.
Schreibe dann die blauen Wörter heraus und prüfe, ob du sie kennst. Wenn nicht, schlage ihre Bedeutung im Lexikon nach.

3 Wie man Werkstoffe entdeckte

s-Laut

1. *s* oder *ss* oder *ß*?

Regel

- Man schreibt *s*, wenn es **stimmhaft** (weich) gesprochen wird.
- Man schreibt *ss*, wenn es **stimmlos** (scharf) gesprochen wird und **davor ein kurzer Vokal** steht.
- Man schreibt *ß*, wenn es **stimmlos** (scharf) gesprochen wird und **davor ein langer Vokal oder ein Diphthong** steht.

Beispiele

- *Rose, Bluse, Wesen, reisen, blasen, dösen*
- *Wasser, Schluss, lassen, essen, küssen, nass*
- *Straße, Soße, Stoß, büßen, außerdem*

Diktat

Angebote der Natur

Wenn wir zu Hause etwas basteln oder bauen möchten, | gehen wir meist zuerst in einen Baumarkt. | Wer sein Problem nicht allein lösen kann, | lässt sich von einem Fachmann beraten, | der besser als die anderen weiß, | was wozu geeignet ist. | Er kennt die wesentlichen Eigenschaften der Werkstoffe: | ob sie leicht brechen oder reißen, | ob sie wasserabweisend sind oder durchlässig | und wie sie sich bei heißen oder eisigen Temperaturen verhalten. |

Natürlich muss er dies nicht alles selbst ausprobieren. | Sein gesamtes Wissen | fußt auf weitergegebenen Erfahrungen | aller bisherigen Generationen. | Immer schon brauchten die Menschen | Baumaterial und Werkzeuge. |

In prähistorischer Zeit lagen die Rohstoffe hierzu | gewissermaßen draußen herum. | Man brauchte nur zuzufassen | und hatte Stein, | Holz, | Knochen und Horn, | das man so lange bearbeitete, | bis es für den jeweiligen Zweck passte: | für Jagdwaffen, | für Hausrat | und für kultische Gegenstände. | Archäologen haben sogar erlesene Schmuckstücke gefunden, | die aus solchem Material gefertigt waren.

(147 Wörter)

Aufgabe

Fertige eine Tabelle für Wörter mit *s*, *ss* und *ß* an und trage die blauen Wörter in die passende Spalte ein.

2. *s* im Auslaut

Regel

- Im Auslaut steht *s*, wenn es bei der **Verlängerung** des Wortes **stimmhaft** gesprochen wird.
  (Für die Schreibung von *ss* bzw. *ß* im Auslaut gilt die bereits bekannte Regel von Seite 123.)
- Diese Regel gilt auch, wenn nach dem Auslaut des Wortstammes noch eine **Nachsilbe** oder **weitere Wortteile** folgen.

Beispiele

Eis	→	*(des) Eises*	*Weisheit*	→	*weise*
Gras	→	*(die) Gräser*	*bösartig*	→	*böse*
Fels	→	*(die) Felsen*	*nachweislich*	→	*nachweisen*

Diktat

Ton, das flexible Material

Fraglos war es in prähistorischen Zeiten sehr praktisch, | die Werkstoffe für die Herstellung wichtiger Gegenstände | einfach in der freien Natur zu sammeln; | aber Stein, | Holz, | Knochen und Horn | sind nachweislich nun einmal feste Materialien | und daher für die Anfertigung von Schalen und Töpfen wenig geeignet. |

Also nahm man Ton, | vermischte ihn mit Sand, | feinem Kies, | zerriebenen Muschelschalen oder zerschnittenen Grashalmen | und formte schließlich das geschmeidige „Mus" | zu nützlichen Gefäßen für den Hausrat: | Der Boden war kreisrund, | die Form oft bauchig, | und manchmal verjüngte sie sich zu einem dünnen Hals. | Oft verzierte man sie maßvoll | durch Fingereindrücke oder Rillen. | Zum Schluss ließ man jedes Gefäß trocknen | und brannte es sorgfältig im offenen Feuer oder im Ofen, | dessen Temperatur besonders heiß wurde. |

Inzwischen weiß man nämlich, | wie hart der Ton dadurch wird. | Er ist zwar nicht stoßfest; | aber man muss ja beim Hantieren | bloß ein bisschen aufpassen. |
Solche Tongefäße heißen heute Keramik.

(150 Wörter)

Aufgabe

Nimm das Diktat auf und schreibe es als Selbstdiktat.

3. *das* oder *dass*?

Regel

das mit einfachem ***s*** ist immer ersetzbar:
- Der **Artikel *das*** ist ersetzbar durch ***dieses***.
- Das **Demonstrativpronomen *das*** ist ersetzbar durch ***dieses***.
- Das **Relativpronomen *das*** ist ersetzbar durch ***welches***.

Die **Konjunktion *dass*** wird mit ***ss*** geschrieben; sie lässt sich **nicht ersetzen**.

Beispiele

Das *(Dieses) Metall ist ein dauerhaftes Material.*
Das *(Dies) war wirklich eine nützliche Entdeckung.*
Metall, ***das*** *(welches) man schmilzt, kann man besser bearbeiten.*

Dass *Kupfer, Bronze und Eisen wichtig waren, erkennt man daran,* ***dass*** *die entsprechenden Epochen nach ihnen benannt wurden: Kupferzeit, Bronzezeit und Eisenzeit.*

Diktat

Was man in der Erde so alles finden kann

Vielleicht hast du schon einmal ein Elektrokabel repariert | und das Material untersucht, | das den Strom leitet. | Das ist reines Kupfer: | sehr dauerhaft und leicht biegsam. | Es ist das erste Metall, | das unsere Vorfahren aus Erz gewonnen haben. | Schon damals zogen sie daraus feine Drähte. | Bald jedoch entdeckten sie, | dass es bei Vermischung mit einem anderen Metall, | dem Zinn, | fast so hart werden kann wie Stein, | wodurch Bronze entstand. |

Zahlreiche archäologische Funde belegen, | dass Bronze vielerorts | vor allem zur Anfertigung von Werkzeugen, | Waffen und Schmuck diente. | Das lag besonders daran, | dass sich dieses Material | leicht und vielseitig bearbeiten ließ. | Es wurde aber bald übertroffen von Eisen, | das noch härter war. | Außerdem hatte es den Vorteil, | dass das Erz, | aus dem es gewonnen wurde, | weit verbreitet war. | Allerdings war es nicht ganz einfach, | das Eisenerz so zu erhitzen, | dass sich das Eisen absonderte und formbar wurde.

(144 Wörter)

Aufgabe

Schreibe den Text sorgfältig ab. Mache dir bei jedem Satz klar, ob und wie man das Wörtchen *das* ersetzen kann.

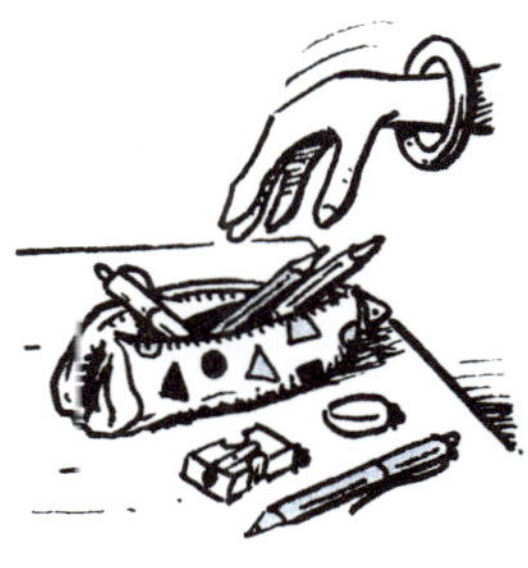

4 Wie man sich kleidete

z-Laut und *k*-Laut

1. *z* oder *tz*?

Regel

- Nach **kurzem Stammvokal** schreibt man ***tz***.
- Dagegen schreibt man *z*
  - nach **langem Stammvokal** oder **Diphthong**
  - nach einem **Konsonanten**.

Beispiele

- *Sch**atz**, H**itz**e, Tr**otz**, s**etz**en, n**utz**en, sp**itz***
- *Kap**uz**e, R**eiz**, Schn**auz**e – Wu**rz**el, Ha**rz**, sto**lz***

Diktat

Als man nur Pelz und Leder trug

Wenn man in prähistorischen Zeiten einen Mantel brauchte, | ging man nicht Shopping, | sondern auf die Jagd. | Nicht um zu protzen, | sondern weil viele Tiere ein Fell haben, | das auch für den Menschen nützlich ist | und sich zu Pelzkleidung verarbeiten lässt. | Sie war haltbar und schützte vor Kälte. |

Aus der Eisenzeit sind noch Mäntel, Jacken und Mützen | von Moorleichen erhalten. | Für gemäßigte Jahreszeiten bevorzugte man Lederkleidung. | Leder erhielt man, | indem man die Fellhaare abschabte | und bis zu den Haarwurzeln entfernte | und das Ganze durch Beizen und Gerben mit Pflanzensäften bearbeitete. | Besonders weich wurde es, | wenn man es fettete und | – wie heute noch bei einigen Völkern üblich – | zusätzlich knetete, | walzte, | über Holz walkte | oder einzelne Teile kaute. | Nach Fertigstellung konnte man noch eine persönliche Note setzen: | mit einem kurzen Kragen oder einer spitzen Kapuze, | mit einem reizvollen Gürtel oder kleinen Schlitzen. |

Wer in heißen Gegenden lebte, | trug wegen der Hitze natürlich nur einen Lendenschurz.

(152 Wörter)

Aufgabe

Fertige eine Tabelle für Wörter mit *z* und *tz* an und trage die blauen Wörter in die passende Spalte ein.

2. *k* oder *ck*?

Regel

- Nach **kurzem Stammvokal** schreibt man ***ck***.
- Dagegen schreibt man ***k***
  - nach **langem Stammvokal** oder **Diphthong**
  - nach einem **Konsonanten**.

Beispiele

- *Dru**ck**, Lü**ck**e, Zwe**ck**, ba**ck**en, stri**ck**en, di**ck***
- *La**k**en, Ha**k**en, Pau**k**e – Schran**k**, Mar**k**t, schmin**k**en*

Diktat

Von der Kunst, Stoffe anzufertigen

Ganz schön clever, | unsere Vorfahren! | Entdeckten sie doch eine Pflanze, | deren Öl und Samen gesund sind | und deren Stängel den Rohstoff für Kleidung liefern: | den Flachs. | Solch verlockendes Geschenk der Natur musste man nutzen; | also baute man Flachs | (auch Lein genannt) | schon früh an. | In den Stängeln stecken Bastfasern, | die man mit handwerklichem Geschick | zu Leinengewebe verarbeitete, | das man zunächst als Tücher, | Decken und Laken verwendete. | Einige frühe Stücke davon | sind noch an ägyptischen Mumien erhalten. | Bald entstanden dann beeindruckende Textilien, | vom einfachen Wickelrock bis zum prunkvoll geschmückten Umhang. |

Auch andere Rohstoffe wurden zu Bekleidungszwecken genutzt: | Seit dem 3. Jahrtausend wurden in China | die feinen Fäden vom Kokon des Seidenspinners abgewickelt, | zu Seide verarbeitet | und später sogar weltweit | auf die Märkte der Seidenstraße gebracht. | Zur selben Zeit wurde dort auch schon Baumwolle angebaut, | die man | – ähnlich wie Schafwolle – | zu Garn verspann. |

Man konnte also auch in der Frühzeit schick / chic sein.

(150 Wörter)

Aufgabe

Fertige eine Tabelle für Wörter mit *k* und *ck* an und trage die blauen Wörter in die passende Spalte ein.

3. Fremdwörter

Regel

In **Fremdwörtern** steht **(fast) immer** nur ein einfaches ***z*** bzw. ***k***. Aber: Oft entspricht der **gesprochene** *z*- bzw. *k*-Laut **nicht** dem **geschriebenen** Buchstaben *z* bzw. *k*. Daher muss man sich auch hier oft die Schreibweise jedes einzelnen Wortes einprägen.

Beispiele

*Distan**z**, Noti**z**, Spe**z**ialist – Effe**k**t, Fun**k**tion, Techni**k***

Der *k*-Laut wird z. B. manchmal auch so geschrieben:

***C**afé* (Gaststätte)	***C**lan* (Stammesverband)
***Ch**lorophyll* (Blattgrün)	***Ch**aos* (Durcheinander)
*A**qu**aplaning* (Wasserglätte)	*a**kqu**irieren* (erwerben)

Diktat

Und wie kommt die Farbe in den Stoff?

Schließe deine Augen und stell dir vor, | die Welt sei ohne Farbe. | Keine Angst, | es ist ja nur eine provokante Fiktion; | aber sie zeigt, | wie ungern wir auf das bunte Spektrum der Welt verzichten möchten. |

Farben setzen Akzente | und geben der Stimmung meist einen „Kick". | Solche kleinen Stimulanzen | brauchten die Menschen offensichtlich immer schon. | Denn ohne einen direkten Nutzen zu erhalten, | haben sie schon früh versucht, | Gegenstände und Stoffe zu färben. | Sie verwendeten meist Pflanzenextrakte | (z. B. Malve, Heidelbeere, Eichenrinde) | oder anorganische Materialien | (z. B. Tonerde, Kupfersalz, Gips) | und konnten bald praktisch alle Farbnuancen herstellen. |

Aber kein Spezialverfahren verhinderte, | dass die Stoffe beim Waschen verblichen. | Den Phöniziern gelang es zwar, | in einem komplizierten Verfahren | aus der Drüse der Purpurschnecke wasserfestes Rot zu produzieren, | wovon wir heute sogar noch die Rezepte besitzen; | da die Gewinnung dieser Essenz aber sehr kostspielig war, | blieb sie der Kleidung hochgestellter Personen vorbehalten.

(145 Wörter)

Aufgabe

Lies den Text konzentriert und schreibe dann die blauen Wörter heraus. Prüfe, ob du sie kennst, und schlage ihre Bedeutung gegebenenfalls im Lexikon nach.

5 Wie man Licht machte
Substantivierung

1. Der Normalfall

Regel

Viele Wörter können sich zu einem **Substantiv** verwandeln
- **nach** einem **Artikel**
- **nach** einer **Präposition**
- **nach** einem **unbestimmten Zahlwort (Numerale).**

Sie werden dann **großgeschrieben.**

Beispiele

- *der **E**inzige, die **N**eugierigen, das **L**euchten*
- *im **A**llgemeinen, im **Ü**brigen, beim **G**ehen*
- *etwas **B**esonderes, viel **N**eues, alles **S**uchen*

Das prähistorische Feuerzeug

Hast du schon einmal erlebt, | dass ringsum alles stockfinster ist? | Sicher kennst du etwas Ähnliches von einer Nachtwanderung. | Der Himmel ist bewölkt, | man geht im Dunkeln querfeldein | und jeder hat im Geheimen Angst vor dem Stolpern. |

Was für uns heute ein Abenteuer ist, | war früher etwas Selbstverständliches. | Die Nacht war dunkel | und das Leuchten des Mondes und der Sterne | nützte nur bei wolkenlosem Himmel. | Freiwillig brach niemand zum Wandern auf, | solange es weder Taschenlampe, | Feuerzeug | noch Streichhölzer gab. |

Auch in den Hütten blieb es nachts meist dunkel. | Zwar gab es im Allgemeinen eine zentrale Feuerstelle, | aber das Anzünden von Feuer | war etwas sehr Umständliches: | Man musste zunächst | entweder mit zwei Holzstäben durch Reiben oder Bohren | heiß glimmendes Bohrmehl herstellen | oder durch Aneinanderschlagen von Feuersteinen Funken erzeugen, | bis durch heftiges Anpusten | brennbares Material entflammte. | Das Schwierigste war, | das Feuer nicht ausgehen zu lassen | und das Ganze unter Kontrolle zu halten.

(150 Wörter)

Aufgabe

Schreibe die substantivierten blauen Wörter zusammen mit ihrem Artikel, der Präposition oder dem unbestimmten Zahlwort ab.

2. Pseudo-Substantivierung

Regel

Adjektive werden auch **nach einem Artikel weiterhin kleingeschrieben**, wenn sich der Artikel auf ein Substantiv bezieht, das gerade vorgekommen ist. (Dies ist dann nur scheinbar eine Substantivierung, da man in Gedanken das bekannte Substantiv ergänzen kann.)

Beispiele

Die heutigen Menschen leben anders als die ***f****rüheren (Menschen).*
Es ist interessant, die gegenwärtige Lebensweise mit der ***v****ergangenen (Lebensweise) zu vergleichen.*
Bei allem Fortschritt ist manchmal eine alte Kulturtechnik der ***n****euen (Kulturtechnik) vorzuziehen.*

Diktat

Vom Kienspan zur Öllampe

Bestimmt hast du schon einmal an einem zünftigen Lagerfeuer gesessen | und ein aufgespießtes Fleischstück über die Glut gehalten. | Gegartes Fleisch schmeckt eben besser als rohes, | und im Übrigen ist es auch gemütlich beim Knistern des Holzes. |

Solange dies etwas Besonderes ist, | begeistert es sicherlich jeden. | Wenn dies aber | – wie früher – | draußen und drinnen die einzige Möglichkeit ist, | aus einem dunklen Raum einen hellen zu machen, | ist das Anlegen eines Holzfeuers eher mühselig. | Außerdem kann man es nicht von einem bestimmten Ort zum nächsten tragen. |

Da kam man auf die Idee, | ein abgespaltenes Stück Kiefer, | das an der Schnittstelle harzig wurde, | als Fackel zu benutzen. | So entstand der Kienspan. | Des Weiteren erfand man eine noch bessere Methode, | die die alte ergänzte: | Man stellte eine Steinschale her, | füllte sie mit tierischem Öl | und ließ einen Moosdocht darauf schwimmen. | Solche Öllampe konnte man tragen und nachfüllen | und ihren abgebrannten Docht durch einen frischen ersetzen.

(153 Wörter)

Aufgabe

Schreibe den Text ab. Achte dabei besonders auf die kleingeschriebenen blauen Adjektive.

3. Ausnahmen

Regel

Einige Wörter werden im Allgemeinen auch dann **kleingeschrieben**, wenn ein **Artikel**, eine **Präposition** oder ein **unbestimmtes Numerale (Zahlwort) davorsteht.**

Beispiele

- nach Artikel: ***der*** *eine,* ***das*** *andere,* ***die*** *vielen,* ***die*** *beiden*
- nach Präposition: ***bei*** *niemandem,* ***durch*** *manche,* ***ohne*** *jeden,* ***mit*** *keinem*
- nach unbestimmtem Numerale: ***etwas*** *anderes,* ***alles*** *wenige*

Kerzen, die praktische Alternative

Wofür brauchte man früher eigentlich noch Kerzen, | wenn doch die meisten schon Öllampen hatten? | Das war doch für viele genau das Richtige, | und im Großen und Ganzen waren sie auch recht praktisch, | auch wenn der eine oder andere es manchmal heller wünschte. |

Aber nicht erst die alten Ägypter merkten, | dass beim Herumtragen der brennenden Schalen | leicht etwas überschwappte. | Daher suchten sie etwas Neues als Lichtquelle | und erfanden die Kerze. | Sie brauchten dazu nichts anderes als festen Brennstoff | und einen Docht aus Pflanzenfasern. | Aus beidem fertigten sie dann handliche Lichtstäbe, | die bei Hitze schmelzen | und bald weltweit bei vielen in Gebrauch kamen. | So hatte man mit wenigem viel erreicht | und etwas sehr Nützliches geschaffen. |

Bis in unsere Zeit sind Kerzen modern | und bei manchen sogar sehr beliebt. | Es ist jedoch etwas anderes, | ob es ausschließlich Fackeln, Öllampen und Kerzen gibt | oder ob bei jedem auch solche Lichtquellen zur Verfügung stehen, | mit denen man die Nacht zum Tag machen kann.

(156 Wörter)

Aufgabe

Schreibe den Text ab. Achte dabei besonders auf die kleingeschriebenen blauen Wörter, die zu den Ausnahmen gehören, und präge sie dir gut ein.

6 Was man herstellte
Wortverbindungen

1. Präposition und Substantiv

Regel

Bei **Substantiven**, die in einer **festen Verbindung** mit einer **Präposition** stehen, kann man oft in der Schreibweise **wählen**:
- Präposition + großgeschriebenes Substantiv – in 2 (!) Wörtern
- Präposition + Substantiv – kleingeschrieben und in 1 (!) Wort.

Beispiele

*auf **G**rund / **a**ufgrund, mit **H**ilfe / **m**ithilfe, im **S**tande / **i**mstande*

Ausnahme

Bei einigen Wortverbindungen kann man **nicht wählen**, z. B.
- *in **B**ezug, zur **N**ot, im **G**runde*
  (nur mit großgeschriebenem Substantiv und in 2 Wörtern);
- ***i**nfolge, **b**eiseite, **i**nmitten*
  (nur klein und zusammen, da die Substantive verblasst sind).

Diktat

Die „erste" Nähnadel

Die Überschrift darf man im Grunde nicht so wörtlich nehmen. | Niemand ist nämlich im Stande / imstande zu sagen, | wann früher etwas zum ersten Mal entstand. | Wir können mit Hilfe / mithilfe wissenschaftlicher Methoden nur feststellen, | in welchem Zeitraum ein Gegenstand angefertigt wurde. |

Die „erste" Nähnadel aus Knochen stammt aus Südfrankreich | und ist 25 000 Jahre (!) alt. | Sonst benutzte man damals | Dornen und Fischgräten als „Nadel". | In Bezug auf das Nähgarn ist man sich sicher, | man nahm Tiersehnen, | zur Not auch Pflanzenfasern. | Auch eine hölzerne Häkelnadel hat man gefunden. | Sie ist allerdings „erst" 5000 Jahre alt. | In der Schweiz standen damals | inmitten des Bieler Sees Pfahlbauten, | und dort zu Lande / dortzulande hat man offensichtlich diese Häkelnadel | mit anderen Dingen als „Abfall" fortgeworfen. | Zu diesem Schluss kommt man auf Grund / aufgrund ihres Fundortes: | Sie steckte nämlich zwischen zahlreichen Keramikscherben. | Infolge der Konservierung im Wasser | hat alles die lange Zeit überstanden.

(142 Wörter)

Aufgabe

Schreibe den Text sorgfältig ab.

2. Präposition, Substantiv und Verb

Regel

Bei **festen Wortgruppen** aus **Präposition**, **Substantiv** und **Verb** kann man oft in der Schreibweise **wählen**:
- entweder in 3 (!) Wörtern: Präposition, großgeschriebenes Substantiv und Verb
- oder in 2 (!) Wörtern: Präposition und Substantiv (klein und zusammen, vgl. Seite 132) und dazu das Verb.

Beispiele

*in **F**rage kommen / **i**nfrage kommen, zu **R**ande kommen / **z**urande kommen, in **S**tand halten / **i**nstand halten*

Ausnahme

Bei einigen solcher Wendungen kann man nicht wählen:

*außer **A**cht lassen, in **A**cht nehmen, in **B**etracht kommen, zu **H**ilfe kommen, in **K**auf nehmen*

Frühe Musikinstrumente

Wie lange mag es wohl schon Musik geben? | Niemand weiß es. | Aber wohl keiner wird in Frage / infrage stellen, | dass Musikinstrumente zu den frühesten Errungenschaften zählen. | Besonders zu kultischen Zwecken | hat man sich Töne und Klänge zu Nutze / zunutze gemacht: | Wenn wichtige Ereignisse bevorstanden | oder Dämonen vertrieben werden | oder Götter zu Hilfe kommen sollten, | hat man Gesänge und Tänze | mit Flöten oder Trommeln begleitet. |

Archäologische Funde haben Flöten | aus Knochen zu Tage / zutage gefördert. | Es gilt auch als sicher, | dass man es schon früh zu Wege / zuwege brachte, | sie aus Schilf oder Bambus herzustellen. | Ob man in Europa wohl auch schon wusste, | dass für Flöten auch Holunderzweige in Betracht kamen? | Wie du vielleicht aus eigener Erfahrung weißt, | muss man sich dabei allerdings in Acht nehmen, | dass man sehr sorgfältig arbeitet. | Mit Trommeln kann man dagegen | ganz andere Töne zu Stande / zustande bringen. | Je nach Bespannungsmaterial und Schlagtechnik | konnten sie nicht nur musikalisch genutzt werden, | sondern auch zur Nachrichtenübermittlung.

(153 Wörter)

Aufgabe

Schreibe den Text ab und unterstreiche dann die Ausnahmen.

3. Substantiviertes Adjektiv und Verb

Regel

Substantivierte Adjektive, die Bestandteil einer **festen Verbindung** mit einem Verb sind, werden **immer** (!) **großgeschrieben.**

Beispiele

*sich im **K**laren sein, im **T**rüben fischen, aus dem **V**ollen schöpfen*

Diktat

Die Waage der Ägypter

War das eine Sensation, | als man in einem ägyptischen Grab eine alte Balkenwaage fand, | die sogar noch funktionierte! |

Bis zu diesem Fund tappte man völlig im Dunkeln, | wie weit die technischen Hilfsmittel zum Abwiegen einer Ware | damals entwickelt waren. | Zwar waren Maße und Gewichte | früher nicht bis ins Einzelne geregelt; | aber wenn man nicht den Kürzeren ziehen wollte, | musste man sich schon auf gewisse Normen verlassen können. | Natürlich wird es auch Händler und Kaufleute gegeben haben, | die gern im Trüben fischten; | aber es war auch möglich, | auf ehrliche Weise sein Schäfchen ins Trockene zu bringen. |

Heute ist sich die Wissenschaft im Klaren darüber, | dass lange Zeit | der Handel ein Tauschhandel war; | aber nach und nach hatte man begonnen, | Hohlmaße | – besonders für Getreide und Öl – | herzustellen | und Waagen für feste Güter zu entwickeln, | um die Handelspartner vor dem Ärgsten zu bewahren. | Im Ganzen gesehen | wurde dadurch der Handel überschaubarer und vergleichbarer.

(151 Wörter)

Aufgabe

Schreibe die blauen Wortverbindungen in ihrer Grundform (wie in den Beispielen) auf.

7 Zeitangaben
Wie man die Zeit maß

1. Tageszeiten in Verbindung mit *gestern, heute, morgen*

Regel

Tageszeiten in Verbindung **mit** Adverbien wie ***gestern, heute, morgen*** werden immer (!) **großgeschrieben**.

Beispiele

gestern ***M****orgen, heute* ***M****ittag, morgen* ***N****achmittag*

Zeitmessung nur bei Sonnenschein

Stell dir vor, | du möchtest übermorgen Nachmittag | etwas mit deinem Freund unternehmen | und verabredest dich heute Nachmittag mit ihm. | Ihr möchtet pünktlich sein; | aber die Uhr ist noch nicht erfunden. | Was tun? |

Unsere frühen Vorfahren wussten eine Antwort: | Heute Nachmittag müsste jeder von euch | die Länge seines Schattens messen. | Warum? | Die eigene Schattenlänge ist die „Uhrzeit“, | zu der ihr übermorgen Nachmittag verabredet seid. | Und dann braucht jeder nur noch dafür zu sorgen, | dass er sich übermorgen Mittag | rechtzeitig auf den Weg macht. | Eigentlich eine praktische Methode. | Leider hat sie nur einen Haken. | Was ist, | wenn übermorgen Mittag schlechtes Wetter ist? | Auch eine Verabredung für morgen Abend | oder übermorgen Nacht | würde Probleme bereiten. |

Unsere Vorfahren haben diese Methode zwar noch sehr verfeinert, | indem sie die Sonnenuhren erfanden. | Sie platzierten einen Stab so, | dass sein Schatten über ein Zifferblatt glitt, | an dem man bestimmte Zeiteinheiten ablesen konnte. | Aber eine Verabredung für übermorgen Nacht | war damit noch immer schwierig.

(156 Wörter)

Aufgabe

**Schreibe das Diktat sorgfältig ab.
Vielleicht kannst du mit deinen Freunden erforschen, ob es in eurer Gegend irgendwo eine Sonnenuhr gibt.**

2. Tageszeiten in Verbindung mit Wochentagen

Regel

Tageszeiten in Verbindung mit einem **Wochentag** werden **groß- und zusammengeschrieben**.

Beispiele

*am **S**onntagmorgen, am **M**ontagmittag, am **D**ienstagabend*

Diktat

Wasser und Sand für schlechtes Wetter

Wer kennt das nicht: keine Zeit. | Heute Nachmittag ist Schach-AG, | morgen Abend Training, | übermorgen früh geht es zum Sportplatz | und am Samstagmittag startet eine Radtour. | Und wenn die Schach-AG am Dienstagnachmittag ausfällt, | kann man endlich einmal wieder ins Freibad gehen. | Am Dienstagabend hat man dann allerdings | nicht mehr viel Zeit für die Hausaufgaben. | Dann muss man eben am Mittwochmorgen etwas früher aufstehen. |

Wenn einer unserer frühen Vorfahren | unseren Terminstress erlebte, | würde er wohl den Kopf schütteln. | Denn damals war das Leben langsam | und man hatte viel Zeit. | Vermutlich wusste man gar nicht, | ob gerade Mittwochabend | oder Donnerstagabend war. | Und auch ihre neumodischen Wasser- und Sanduhren | benutzten sie nur selten. | Bei dieser Methode der Zeitmessung | lief aus einem oberen Behälter Wasser bzw. Sand aus, | und wenn der Behälter leer war, | wusste man, | dass eine bestimmte Zeit vergangen war. | Und bei Bedarf wiederholte man den Vorgang. |

Sollen wir uns heute Mittag nun bedauern oder beneiden???

(153 Wörter)

Aufgabe

Unterstreiche die blauen Wörter, deren Schreibung sich nach der oben stehenden Regel richtet.
(Achtung! Mehrere blaue Wörter richten sich nach der Regel des vorigen Kapitels.)

3. Allgemeine Zeitangaben

Regel

Adverbiale Zeitangaben, die **aus einem Substantiv entstanden** sind, werden **kleingeschrieben**. Man erkennt sie daran, dass sie die **Endung** *-s* aufweisen und **keinen Artikel** haben.

Beispiele

morgens, mittags, abends, sonntags, feiertags, montagabends

Diktat

Als die Zeit noch keine Uhrzeit war

Wir Menschen haben sie im Laufe der Jahrtausende selbst erfunden, | die Uhr. | Sie ist zu unserem strengen Herrn geworden | und wir sind gehorsame Untertanen. | Dabei war alles einmal so einfach: |

Wenn es morgens hell wurde, | stand man auf. | Am Vormittag tat man das, | was Not tat: | Man jagte, | man fischte, | man mahlte das Getreide | oder besserte das Dach aus. | Auch mittags und nachmittags ergab es sich, | was getan werden musste. | Der natürliche Rhythmus des Lebens | bestimmte den Tag bis in den Abend und in die Nacht. | Und wenn bei besonderen Anlässen | – also feiertags – | alles einmal ganz anders war, | so ließ man sich auch dann von der „inneren" Uhr leiten. |

Übrigens: | Was machte es schon für einen Unterschied, | ob man eine Arbeit mittwochs oder donnerstags verrichtete? | Sie musste zur rechten Zeit getan werden, | ob am Mittwoch oder am Donnerstag. | Und überhaupt: | Wer muss eigentlich nachts wissen, | wie viel Uhr es ist? | Dies ist eine Frage, | die nur wir modernen Menschen haben.

(160 Wörter)

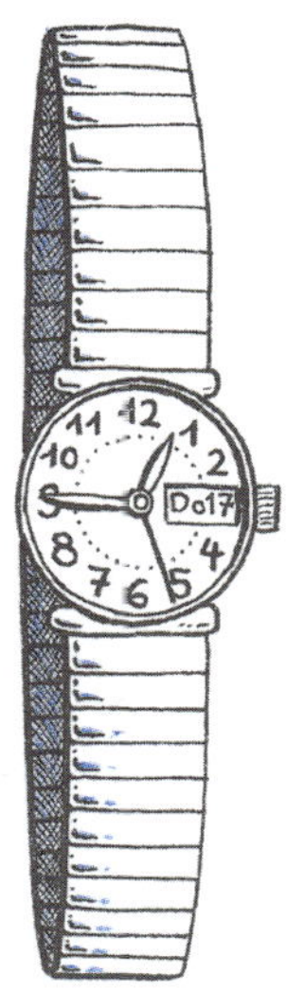

Aufgabe

Unterstreiche die blauen Wörter, deren Schreibung sich nach der oben stehenden Regel richtet.

8 Wie man Lasten bewegte
Zusammenschreibung

1. Zusammensetzungen einzelner Wörter

Regel

Aus mehreren Teilen **zusammengesetzte Wörter** schreibt man **zusammen**. Dies gilt vor allem für
- die Verbindung von **zwei Substantiven** (groß!);
- die Verbindung von **Substantiv und Adjektiv** (klein!).

Beispiele

- *Transportmittel, Reiseweg, Lasttier, Bergpfad*
- *abenteuerlustig, leistungsstark, tonnenschwer, seelenruhig*

Diktat

Nicht alles lässt sich tragen

Warst du schon einmal in einem Containerhafen | und hast die meterhohen Stapel von Stahlbehältern gesehen? | Wie Streichholzschachteln werden sie in die Schiffe gehoben. | Auch auf der Autobahn sieht man oft | Lastwagen mit tonnenschweren Aufbauten, | die in tagelangen Reisen an ihr Ziel gebracht werden. | Wir sind so an unsere leistungsstarke Technik gewöhnt, | dass wir uns kaum noch vorstellen können, | wie unsere frühen Vorfahren ihre Transportprobleme lösten. |

Zunächst einmal mussten sie alles tragen oder ziehen. | Wenn aber der Weg weit war | oder die Muskelkraft nicht reichte, | mussten sie sich etwas einfallen lassen. | Und erfindungsreich, wie sie waren, | begannen sie, | schwere Lasten auf Tierfellen, | Astgabeln oder Baumstämmen zu ziehen | oder von Tieren ziehen zu lassen. | Seit diesem Augenblick gibt es Schlitten. | Sie sind eine segensreiche Erfindung, | die man seitdem in Material und Bautechnik ständig verbesserte. | Skandinavische Felsbilder zeigen heute noch Modelle aus der Steinzeit, | und auch in ägyptischen Pharaonengräbern | kann man alte Schlitten bewundern.

(151 Wörter)

Aufgabe

Schreibe das Diktat als Laufdiktat (vgl. Lerntipps S. 4).

2. Sinneinheiten

Regel

Wörter werden **zusammengeschrieben,**
- wenn sie zu einem einzigen **Begriff verschmolzen** sind
- wenn sie eine **gedankliche Einheit** bilden.

Beispiele

- *schlussfolgern, frohlocken, heimfahren, langweilen*
- *feststehen (= gelten) ↔ fest stehen (= sicher stehen)*
  vorhersagen (= prophezeien) ↔ vorher sagen (= früher sagen)
  gleichkommen (= ähneln) ↔ gleich kommen (= sofort kommen)

Diktat

Der Vorläufer des Lkw

Lass dir von niemandem weismachen, | man habe das erste Rad gefunden. | Man mag noch so lange wetteifern: | Alle Versuche müssen fehlschlagen, | Ort und Zeit dieser Kulturschöpfung zu ermitteln. | Die prähistorische Zeit wird ihr Geheimnis nicht preisgeben. |

Feststeht jedoch, | dass Räder bereits vor ungefähr 5000 Jahren gebaut wurden. | Denn so alt ist ein mesopotamisches Mosaik, | das einen Wagen mit Holzscheibenrädern zeigt. | Ob die Menschen damals wussten, | dass diese Erfindung einer kleinen Revolution gleichkam? | Wie man von einer anderen alten Darstellung weiß, | ließ man den Wagen ziehen, | indem man vorn vier Esel festband. | So konnte man auf ihnen Menschen und Lasten befördern | und – im Vergleich zu vorher – | wahre Wunder vollbringen. |

Noch vollendeter wurde die Kunst des Radbauens, | als man im Alten Orient lernte, | Speichenräder mit Holzfelgen herzustellen. | Anfangs wurde die Felge aus einem einzigen Holzstück gebogen; | später bestand sie aus mehreren Einzelteilen, | die von einem eisernen Randkranz zusammengehalten wurden.

(147 Wörter)

Aufgabe

Schreibe alle blauen Wörter in ihrer Grundform (wie in den Beispielen) heraus.

3. Verb mit Vorsilbe

Regel

Verben mit einer **Vorsilbe** (z. B. Präposition oder Adverb) werden **zusammengeschrieben.** Bei ihrer Verwendung im Satz können die Wortzusammensetzungen jedoch vorübergehend wieder getrennt werden.

Beispiele

***ab**stellen (Er stellt **ab**.), **durch**gehen (Sie geht **durch**.), **vorbei**rollen (Es rollt **vorbei**.)*

Diktat

Die Erfindung der Schubkarre

Sicherlich hat dich dein Weg schon einmal an einer Baustelle vorbeigeführt | und du hast zugeschaut, | was da so alles los ist. | Auch wenn das meiste heute mit technisch aufwendigen Maschinen durchgeführt wird, | bleibt für die Arbeiter noch manche harte Tätigkeit. | Sie müssen freihändig auf den Gerüsten umherklettern | und sich dabei noch zuarbeiten. | Besonders erstaunlich ist es, | wie viel Baumaterial und wie viel schweres Gerät | sie teilweise auf ihre Schubkarren aufladen | und wie lässig sie dann an allerlei Hindernissen vorbeisteuern. | Solche Mengen könnte niemand allein wegfahren. |

Vor fast 2000 Jahren | waren Schubkarren in China noch eine technische Neuheit. | Man hatte offensichtlich die physikalischen Hebelgesetze herausgefunden | und ihre Wirksamkeit mit der Verwendung des Rades kombiniert: | Die Lasten müssen dabei hinter dem Rad aufliegen. | Die Schiebegriffe müssen weit hinten angebracht sein, | damit die Hebelwirkung ausgenutzt wird, | um schwere Lasten mühelos fortzufahren. | Da Schubkarren nur ein Rad haben, | kann man leicht holpriges Gelände überwinden | und um enge Kurven herumfahren.

(155 Wörter)

Aufgabe

Schreibe die blauen Wörter ab und bilde von ihnen den Infinitiv (wie in den Beispielen).

9 Wie man Gewässer überwand
Getrenntschreibung

1. Verb und Verb

Regel

- Die Verbindung **zweier Verben** wird im Allgemeinen **getrennt** geschrieben. Die Verbindung *kennen lernen* darf man auch zusammenschreiben: *kennenlernen.*
- Wird die Verbindung nicht wörtlich, sondern im **übertragenen Sinn** verwendet, kann sie auch zusammengeschrieben werden.

Beispiele

- *tanzen lernen, sitzen bleiben, fallen lassen, arbeiten gehen*
- *sitzen bleiben* (= auf einem Stuhl), *sitzenbleiben* (= in der Schule)

Diktat

Am Anfang war das Floß

Wer an einem See oder Fluss spazieren geht und beobachtet, | wie sich Vögel auf dicken Ästen | auf dem Wasser treiben lassen, | weiß, wie ein Floß funktioniert: | Man bindet Holzstämme, | Schilfbündel oder Bambusstangen aneinander | und kann so das Wasser für sich arbeiten lassen. | Man kann sich in der Strömung gleiten lassen | oder es mit einem Paddel steuern. | Und wenn man einmal im Ufergestrüpp stecken bleibt, | ist es leicht wieder flottzumachen. | Während der Fahrt kann man gemütlich sitzen bleiben | und es sich gefallen lassen, | sich ohne Mühe und Anstrengung fortzubewegen. |

Im Alten Orient | hat man noch einen besonderen Trick ausprobiert und schätzen gelernt. | Man befestigte aufgeblasene Tierhäute unter ihnen, | die wie ein Luftpolster wirkten. | Sogar im Wildwasser waren sie elastisch. | Es lässt sich dann jedoch nicht verhindern, | dass allerlei Treibgut unter ihnen hängen bleibt. |

Diese Vorläufer der modernen Schlauchboote | kann man heute noch im Iran als „Kelek" kennen lernen / kennenlernen.

(147 Wörter)

Aufgabe

Schreibe den Text ab. Achte dabei darauf, welche Verben an der zweiten Stelle der Verbverbindungen stehen. Sie kommen dort sehr häufig vor.

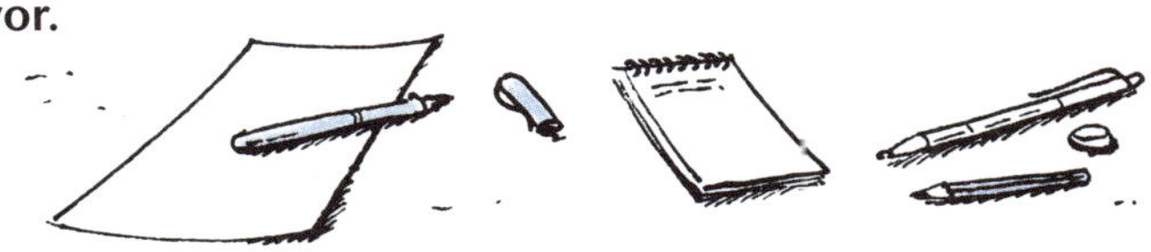

2. Substantiv und Verb

Regel

Die Verbindung eines **Substantivs** mit einem **Verb** wird **meist getrennt** geschrieben.
Ist das **Substantiv** jedoch **verblasst**, wird die Verbindung **zusammengeschrieben.**

Beispiele

- *Rad fahren, Eis essen, Schatten spenden, Schlittschuh laufen*
- *eislaufen, leidtun, kopfstehen, teilnehmen*

Diktat

Schiffbau für Fortgeschrittene

Wer im Fernsehen schon Filme über Naturvölker im Urwald gesehen hat | und darauf Obacht gegeben hat, | wie sie leben, | dem wird aufgefallen sein, | wie oft sie mit einfachen Mitteln große Wirkung erzielen. | Sie müssen einem nicht leidtun, | weil ihr Lebensstandard niedrig ist. | Weil sie nicht auf technische Neuheiten Wert legen | und oft nicht Not leiden, | genügt ihnen das naturnahe Leben. | In den Wäldern, | die Schatten spenden, | fühlen sie sich meist sicher. | Nur von Geistern, | die Furcht einflößen, | fühlen sie sich bedroht und glauben, | dass diese in ihren Hütten Fuß fassen | und ihnen Unheil bringen könnten. |

Da sie meist an Flüssen leben | und Flöße nicht sehr wendig sind, | bauen sie Einbäume. | Diese Technik ist uralt | und wird wohl kaum Aufsehen erregen, | denn sie war bei vielen Völkern in Gebrauch: | Man höhlt einen Baumstamm aus | und brennt ihn innen aus, | damit er gehärtet wird. | Dann glättet man die Wände. | Man muss nicht erst Probe fahren, | sondern kann ihn gleich als Boot benutzen. | Auch muss niemand Angst haben, | weite Strecken zurückzulegen.

(168 Wörter)

Aufgabe

Lies den Text konzentriert durch und unterstreiche bei den Wortverbindungen von Substantiv und Verb jeweils das Substantiv.

3. Adjektiv und Verb

Regel

- Verbindungen von **Adjektiv** und **Verb** werden im Allgemeinen **getrennt** geschrieben.
- Wenn das Adjektiv das Ergebnis der Tätigkeit bezeichnet, darf man die Verbindung auch zusammenschreiben.
- Wird die Verbindung nicht wörtlich, sondern im **übertragenen Sinn** verwendet, wird sie **zusammengeschrieben**.

Beispiele

- *deutlich machen, laut sprechen*
- *sauber machen / saubermachen, klein schneiden / kleinschneiden*
- *schiefgehen* (= misslingen), *falschspielen* (= betrügen)

Diktat

Segelschiffe, das Modell der Zukunft

Was würdest du sagen, | wenn jemand dir anböte, | auf Segeltour mitzukommen? | Müsste man dir dieses Angebot wohl erst wortreich nahebringen? | Müsste man dir deutlich machen, | wie schön es wäre, | mit dem Wind zu segeln? | Würdest du es sogar fertigbringen, | Nein zu sagen? | Im Gegenteil! | Es würde dir vermutlich eher schwerfallen, | Ruhe zu bewahren, | während du dir schon ausmalst, | was du alles mitnehmen würdest. |

Solche Segeltour ist heute ein Vergnügen, | das wir heiß begehren. | Früher jedoch war sie eine strapaziöse | und oft auch gefährliche Angelegenheit, | die man sehr ernst nehmen musste. | Und jeder war froh, | wenn alles glattging. | Angefangen hatte alles damit, | dass man statt Floß und Einbaum | größere Boote fahrtüchtig machte | und die Ruder mit Mastbaum und Segel unterstützte. | Man probierte aus, | wie man das Segel schräg stellen / schrägstellen | und die Seile stramm ziehen / strammziehen könnte. | Als Handel und Verkehr immer wichtiger wurden, | wurden Bautechnik und Besegelung immer komplexer. |

Nun, bist du neugierig geworden? | Im Internet erfährst du mehr darüber.

(158 Wörter)

Aufgabe

Schlage die vier Verbindungen, die im übertragenen Sinn verwendet und deshalb zusammengeschrieben werden, im Wörterbuch nach: *nahebringen, fertigbringen, schwerfallen, glattgehen.*

10 Wie man damals lernte
Häufige Stolpersteine

1. Mehrteilige Adverbien

Regel

Es gibt **mehrteilige Adverbien**, deren einzelne Bestandteile aus anderen Wortarten stammen. Wenn diese **Herkunft nicht mehr deutlich erkennbar** ist, wird das Wort **zusammengeschrieben**. Man muss also beim Schreiben genau aufpassen, ob das Wort im Sinnzusammenhang als Adverb gemeint ist oder ob seine Bestandteile einzeln, d. h. wörtlich, zu verstehen (und zu schreiben) sind.

Beispiele

jederzeit, verständlicherweise, infolgedessen

Diktat

Vom Zuschauen lernen

Auch Lehrer, die lange im Beruf sind, | werden sich keines Falls erinnern, | bei dem ein Schüler bei Ferienbeginn schlecht gelaunt war. | Das soll keinesfalls heißen, | dass man immerzu ungern zur Schule geht; | aber nie zu faulenzen und immer zu lernen, | ist derzeit offensichtlich kein Traumziel. |

Da ist es an der Zeit, | sich klarzumachen, | dass es früher überhaupt keine Schulen gab. | Das bedeutet aber nicht, | dass man voll auf Faulenzen eingestellt war. | Man lernte nur anders, | und damit war man eigentlich jeden Tag vollauf beschäftigt. | Oft merkte man dabei gar nicht, | dass man lernte. | Man tat einfach das, | was der Erwachsene tat, | unter dessen Obhut man gerade stand, | und unterdessen lernte man. | In der Art, | wie man es dann ausprobierte, | lag unbewusstes Training, | das man für das Leben brauchte. | Derart vorbereitet, | konnte man es dann später allein. |

Die Erwachsenen werden aber auch manche Arbeitstechnik | in kluger Weise erklärt haben. | Klugerweise werden sie aber auch manches | „nebenbei" vorgemacht haben.

(157 Wörter)

Aufgabe

Schreibe das Diktat als Laufdiktat (vgl. Lerntipps S. 4).

2. Mehrteilige Konjunktionen und Präpositionen

Regel

Es gibt **mehrteilige Konjunktionen** und **Präpositionen**, deren Bestandteile aus anderen Wortarten stammen.

- Wenn diese **Herkunft nicht mehr deutlich erkennbar** ist, wird das Wort **zusammengeschrieben**.
- Sind jedoch die Wortarten bzw. Bedeutungen der **Einzelteile deutlich erkennbar** und wichtig, so wird im Sinnzusammenhang (natürlich) **getrennt geschrieben**.

Beispiele

- *indem, sobald, inwiefern* (Konjunktionen)
- *anhand, infolge, zuliebe* (Präpositionen)
- *zu Ende* (einzelne Präpositionen mit Substantiv), *vor allem* (einzelne Präposition mit Adjektiv)

Diktat

Durch Kombinieren lernen

Heute lernen Schüler das meiste, | indem sie im Unterricht aufpassen | und das Gelernte zu Hause nacharbeiten. | In dem naturnahen Leben früherer Zeiten | lernte man nicht nur anders, | sondern auch anderes. |

Vor allem lernte man das, | was für die Lebensbewältigung wichtig war. | Dazu brauchte man zu Lande und zu Wasser | meist nicht so weit zu reisen. | Soweit man aufmerksam war, | gab es überall etwas zu entdecken, | das man nutzen, | nachmachen oder handlich verändern konnte. |

Soviel wir anhand früherer Funde wissen, | waren die Menschen an Hand und Fuß sehr geschickt | und haben so viel Nützliches angefertigt, | dessen Idee sie aus der Natur hatten. | Sofern sie am Wasser wohnten, | dürften sie oft beobachtet haben, | wie Holz auf der Oberfläche schwimmt. | Da wundert es nicht, | dass frühe Schiffe meist aus Holz gebaut wurden. | Wenn man sich darüber hinaus Fischernetze anschaut, | wie sie weltweit schon immer geknüpft werden, | liegt es nicht so fern, | an das „Naturmodell" eines Spinnennetzes zu denken. |

Nach wie vor beeindruckt dies.

(160 Wörter)

Aufgabe

Lies den Text laut und betone dabei die getrennt geschriebenen blauen Wörter deutlich einzeln.

3. Das verflixte *Mal*

Regel

- Als **Substantiv** wird ***Mal*** in Verbindungen **getrennt und großgeschrieben.** Man erkennt das Wort als Substantiv, wenn man es deklinieren kann und es eine eigene Betonung hat.
- Als **Adverb** wird ***mal*** in Verbindungen **zusammen- und kleingeschrieben.** Es ist dann nicht veränderbar und trägt keine Betonung.

Beispiele

- *das erste* ***M****al* (dekliniert: *des ersten* ***M****ales*), *jedes* ***M****al* (dekliniert: *bei jedem* ***M****al*)
- *noch einmal, diesmal*

Diktat

Durch Üben lernen

Das dürfte wohl schon immer so gewesen sein: | Wer etwas können möchte, | muss es üben. | Wenn es beim ersten Mal nicht gleich klappt, | dann muss man es eben noch einmal probieren: | einmal, zweimal, | mehrere Male, sehr viele Male. | Dies mag zwar manchmal mühselig sein; | aber jedes Mal, | wenn man dann Erfolg hat, | ist die Mühe schnell vergessen. |

In früheren Zeiten wird dies genauso gewesen sein, | auch die Tatsache, | dass der, der etwas kann, | von Mal zu Mal bei anderen bekannter wird | und bald als Profi gilt. | Solches Ansehen mag zwar Anlass zur Freude sein; | es kann aber auf einmal auch zu einem Nachteil werden: | Wer nämlich etwas vielmals gut gemacht hat, | wird bald gebeten, | es für die anderen immer zu machen. | Ob es aber beim soundsovielten Mal immer noch Freude macht? | – Natürlich, | … allerdings nur, | wenn die nächsten Male ein bisschen auf sich warten lassen. | Und außerdem: | Ein vielbeschäftigter Profi zu sein ist allemal besser, | als keine Ahnung zu haben.

(159 Wörter)

Aufgabe

Sortiere die blauen Verbindungen mit dem Wörtchen *Mal* / *mal* in einer Tabelle nach Groß- und Kleinschreibung.

11 Was man noch nicht hatte
Globaler Wortschatz

1. Mehrgliedrige Wörter aus dem Englischen

Regel

- **Zusammengesetzte Fremdwörter** aus dem Englischen schreibt man in der Regel zusammen.
- Falls die Zusammenschreibung **schwer lesbar** ist, kann man oft auch einen **Bindestrich** einfügen, z. B. bei der substantivierten Verbindung von **Verb und Adverb**.
- Bei vielen Verbindungen von **Adjektiv und Substantiv** kann man wählen, ob man **getrennt (ohne Bindestrich) oder zusammenschreiben** möchte, wenn der Hauptakzent auf dem ersten Bestandteil liegt.

Beispiele

- *Hightech, topsecret*
- *Kickoff / Kick-off, Knockout / Knock-out*
- *Softrock / Soft Rock, Longdrink / Long Drink*

Moderne Zeiten

Natürlich kann man alles auch auf Deutsch sagen. | Aber in Zeiten von Jetset und Entertainment | haben sich nun einmal englische Wörter bei uns eingebürgert. |

Und früher? | Solange es Menschen gibt, | werden sie sich an Spiel und Sport erfreut haben. | Immer schon werden sie mit Spannung | beim Countdown / Count-down mitgezählt | und auf den Kickoff / Kick-off gewartet haben. | Sie werden beim Showdown / Show-down mitgefiebert haben. | Zwischendurch werden sie Smalltalk / Small Talk gemacht haben | und über das Comeback / Come-back ihrer Besten geredet haben. |

Sehr erstaunt wären sie dagegen, | wenn sie unsere Flugzeuge sehen und erfahren würden, | was man heute unter Takeoff / Take-off versteht. | Unter einer Blackbox / Black Box | könnten sie sich auch nichts vorstellen, | und auch Takeaway / Take-away, | Fastfood / Fast Food, | Hotdogs / Hot Dogs und Softdrinks / Soft Drinks | fänden sie merkwürdig. |

Damals brauchte man auch kein Handout / Hand-out, | wenn man jemand kurz über etwas informieren wollte. | Und wer von anderen erfuhr, | wie diese über ihn dachten, | ahnte nicht, dass man solche Rückmeldung eines Tages Feedback / Feed-back nennen würde.

(149 Wörter)

2. Besondere Wortzusammensetzungen

Regel

- **Zusammensetzungen**, die eine **Abkürzung** enthalten, werden **mit Bindestrich** geschrieben.
- **Zusammensetzungen**, deren erster Bestandteil ein **Eigenname** ist, kann man **mit Bindestrich** schreiben, wenn dieser hervorgehoben werden soll, oder auch **zusammenschreiben**.

Beispiele

- *NASA-Mitarbeiter, UKW-Sender*
- *Hubble-Teleskop / Hubbleteleskop, Mekong-Delta / Mekongdelta*

Diktat

Kommunikation im technischen Zeitalter

Als man früher noch nah beieinander lebte, | reichten Rufe, Trommeln und Rauchzeichen, | um sich auf größere Entfernung zu verständigen. | Und wohnte der Empfänger der Nachricht einmal weiter weg, | so begab man sich | – ohne GPS-Technik – | zu Fuß oder auf einem Reittier auf eine oft beschwerliche Reise. |

Heute bringen uns TÜV-geprüfte Autos | und schnelle ICE-Züge bequem ans Ziel. Meist aber können wir sogar zu Hause bleiben, | wenn wir mit einem Menschen sprechen wollen, | der weit entfernt wohnt. | Dank EDV-System und DSL-Technik | können wir heute weltweit kommunizieren – | vom Donau-Delta / Donaudelta bis zur Ganges-Ebene / Gangesebene. |

Den Anfang zu solch komplexen Kommunikationsmethoden machte Herr Morse, | dessen Morse-Apparat / Morseapparat im 19. Jahrhundert eine große Sensation war, | ähnlich wie der erste Drucktelegrafenapparat, | der Hughes-Telegraf / Hughestelegraf, | den der Physiker Hughes erfand. |

Heute können wir aber nicht nur über besonders große Entfernungen miteinander sprechen, | sondern auch „sehen“: | Die Bilder des Hubble-Teleskops / Hubbleteleskops zeigen uns sogar Ereignisse im Weltraum, | die längst vergangen sind. |

Übrigens: Schau doch einmal, | ob du eine Überraschungs-SMS hast.

(157 Wörter)

Aufgabe

Schlage in einem Lexikon die Abkürzungen nach und notiere die vollständigen Wörter, für die sie stehen.

3. Die Computer-Sprache

Regel

Die bei uns gebräuchliche Computer-Sprache besteht aus Wörtern,
- die **wörtlich aus dem Englischen** entnommen sind (als Substantive jedoch natürlich großgeschrieben werden);
- deren Kern zwar aus dem Englischen stammt, sich aber zu **eingedeutschten Neubildungen** verändert hat;
- die bei näherem Hinsehen **Abkürzungen** sind.

Beispiele

- *Homepage* (= Heimatseite), *Mailbox* (= Briefkasten)
- *download**en*** (= herunterladen), *chatt**en*** (= plaudern)
- *WWW* (= World Wide Web), *Bit* (= Binary Digit)

Diktat

Eine Weltreise am Schreibtisch

Wenn jemand, der in frühester Zeit lebte, | heute zuschaute, wie wir durch das Internet surfen, | wie wir chatten und E-Mails verschicken, | würde er sicherlich vor dem PC Angst bekommen. | Er würde vermuten, dass in dem Kasten Ungeheuer hausen, | die wir mit Tasten beschwören. |

Es wäre gewiss schwierig, | ihm zu erklären, dass hier keine Zaubergeister am Werk sind, | sondern wir als User eines weltweiten Verbunds von Computern gerade online sind. |

Was heute jedes Kind kennt, | dürfte für einen Menschen der Frühzeit kaum durchschaubar werden: | wofür Bits und Pixel da sind, | was Provider und Server sind | und wofür man einen Browser benötigt. | Da nützt wohl auch keine attraktive Homepage, | auf der Informatik-Profis das elektronische Netzwerk, | das unsere Welt umspannt, | anschaulich darstellen. | Auch wenn wir noch mit ihnen ein bisschen googeln | und Interessantes downloaden, | dürfte das Problem wohl kaum lösbar sein. |

Aber Vorsicht! | Wenn wir von unserem Gesprächspartner gefragt würden, | ob der Vogel hoch oben in der Luft ein Adler oder ein Habicht ist, | hätten auch wir ein großes Problem …

(168 Wörter)

Aufgabe

Informiere dich über die genaue Bedeutung der Fachbegriffe – am besten im Internet – und schreibe die Erklärungen auf.

12 Wie man die Tage zählte
Zeichensetzung 1

1. Hauptsatz und Hauptsatz

Regel

Zwischen **zwei Hauptsätzen** steht ein **Punkt, Komma, Semikolon** (Strichpunkt) oder **Doppelpunkt**.
Das **Komma kann entfallen**, wenn zwischen den Hauptsätzen eine Konjunktion steht wie z. B. ***und, oder, entweder – oder***.

Beispiele

Heute besitzt wohl jeder einen Kalender. Er hilft bei der Terminplanung. Unsere frühen Vorfahren hatten vermutlich ein anderes Zeitgefühl; denn ihr Leben war von ganz anderen Fakten bestimmt: Ihre Zeitplanung richtete sich nach den jeweiligen Gegebenheiten(,) ***und*** *für das Zählen der Tage bestand lange Zeit kein Bedarf.*

Diktat

Der Naturkalender

Die meisten Erscheinungen um uns herum | wiederholen sich regelmäßig. | Dies kann man immer beobachten(,) | und daher ist es überall | zum Anhaltspunkt für die Zeiteinteilung geworden. |

Basis aller bekannten Kalender | ist der Wechsel von Tag und Nacht; | denn er bestimmt den Lebensrhythmus der Menschen. | Auch die Veränderungen der Natur im Wandel der Jahreszeiten | wurden immer schon bewusst wahrgenommen: | In regelmäßigen Abständen sprießen Blumen und Gräser, | reifen Getreide und Obst(,) | und in regelmäßigen Abständen ist es draußen kälter als sonst. |

Aber auch bestimmte Erscheinungen am Himmel | kehren nach festem Rhythmus wieder: | Die Sonne geht zwar jeden Tag an anderer Stelle auf; | aber nach langer Zeit erreicht sie wieder dieselbe Stelle. | Auch der Mond ändert sich jeden Tag(,) | und nach einer bestimmten Zeitspanne | wiederholt sich auch dieser Vorgang. | Die regelmäßige Wiederkehr all dieser Ereignisse | hat im Laufe der Jahrtausende | zur Festlegung eines Kalenders geführt, | natürlich ist er überall anders.

(146 Wörter)

Aufgabe

An zwei Stellen des Textes steht ein Semikolon.
Unterstreiche die Wörter, die den nächsten Satz einleiten.

2. Hauptsatz und Nebensatz

Regel

Hauptsatz und **Nebensatz** (Satzgefüge) werden immer durch **Komma** getrennt.

Beispiele

Als Tag bezeichnet man den Zeitraum, der zwischen Sonnenaufgang und Sonnenuntergang liegt.
Jeder weiß, dass sich die Erde in 24 Stunden um die Sonne dreht.
Wenn bei uns Nacht ist, scheint in anderen Teilen der Erde die Sonne.

Auf den Mond ist Verlass

Natürlich weißt du, | dass der Mond in einem „Monat“ um die Erde kreist. | Während dieser Zeit ändert er täglich sein Aussehen, | wobei er zum Schluss sogar ganz verschwindet. |

Man hat schon sehr früh bemerkt, | dass diese Zeitspanne immer 28 Tage dauert. | In vielen Kulturkreisen | werden 12 Monate zu einem „Mondjahr“ zusammengefasst, | das aber nicht immer in derselben Jahreszeit beginnt. | Damit der Jahresbeginn immer in derselben Jahreszeit liegt, | muss man mehrere Tage einfügen. |

Vermutlich gab es bereits im 10. Jahrtausend | im Vorderen Orient Aufzeichnungen, | die präzise Auskunft über die Mondphasen geben. | Man hat nämlich in einer Höhle | einen datierbaren Knochen gefunden, | in den entsprechende Zahlenfolgen eingeritzt sind. | Auch im Gebiet des Kongo | hat man einen Knochen aus dem 7. Jahrtausend entdeckt, | der Markierungen für Mondphasen aufweist. | Wenn die Wissenschaftler sich nicht täuschen, | sind dies die ersten bekannten „Kalender“ der Welt. | Da der Mond immer „pünktlich“ ist, | hatte man mit ihm ein verlässliches Zeitmaß.

(152 Wörter)

Aufgabe

Schreibe den Text sorgfältig ab.
Überlege bei jedem Komma, ob du es auch gesetzt hättest.

3. Komplexe Satzgefüge

Regel

- **Nebensätze** (Sätze, die von einem übergeordneten Satz abhängen) werden durch **Komma** voneinander getrennt.
- Zwischen **aneinandergereihten Nebensätzen** steht **kein Komma**, wenn eine verbindende Konjunktion zwischen ihnen steht, wie z. B. ***und, oder, entweder – oder***.

Beispiele

- *Viele Kulturkreise richten sich nach dem Sonnenjahr, das meist aus 12 Monaten besteht, wobei ebenfalls Schalttage eingefügt werden.*
- *Die Erde benötigt 1 Jahr zur Umkreisung der Sonne, die auch für andere Planeten im Mittelpunkt steht* ***und*** *die das Leben auf der Erde möglich macht.*

Diktat

Auch die Sonne reist nach Fahrplan

Für uns ist die Sonne ein energiereiches Gestirn, | dessen Kraft wir ausrechnen können | und dessen Masse die Physiker recht genau bestimmen können. |

Für viele unserer Vorfahren | war sie jedoch ein Gott, | der tagsüber auf einem Wagen oder Schlitten | über den Himmel reiste, | damit wir Licht und Wärme haben. | Da die Sonne nach 365 Tagen | wieder an derselben Stelle steht | und da man die Tage bis dahin zählen kann, | diente auch sie seit alters her | als Zeitmaß zur Bestimmung eines Jahres. | Weil jedoch niemand weiß, | an welchen Tag man den Beginn eines Jahres setzen soll, | denn kein Tag ist geeigneter als ein anderer, | hat jeder Kulturkreis einen anderen Jahresbeginn. |

Im Alltag unserer frühen Vorfahren | werden solche Überlegungen allerdings | wohl kaum eine Rolle gespielt haben, | da für sie die Jahreszeiten den Rhythmus gaben, | der ihr Leben bestimmte. | Wichtig war, | ob es genug Nahrung gab | und ob man sich vor Hitze oder Kälte schützen konnte.

(152 Wörter)

Aufgabe

Schreibe das Diktat als Laufdiktat (vgl. Lerntipps S. 4).

13 Wie man die Schrift erfand
Zeichensetzung 2

1. Infinitivgruppe

Regel

Eine **Infinitivgruppe** (Infinitiv mit *zu*) **muss** man durch **Komma** abtrennen, wenn sie
- durch ein **hinweisendes Wort begleitet** wird ***(daran, darauf, so, es)*** oder
- von einem **Substantiv** abhängt oder
- mit ***um, ohne, (an)statt, außer, als*** eingeleitet wird.

Beispiele

- *Heute haben wir uns* ***daran*** *gewöhnt,* *E-Mails zu versenden.*
- *Es gibt viele* ***Möglichkeiten,*** *eine Nachricht zu senden.*
- *Er nimmt sein Handy,* ***um*** *ihr eine SMS zu schreiben.*

Diktat

Bilder und Symbole

Im Zeitalter elektronischer Medien | ist es manchmal sinnvoll, | sich der Bilderschrift zu bedienen … | An Bahnhöfen und Flughäfen hat man sich dafür entschieden, | Piktogramme anzubringen. | Diese stilisierten Bilder sind Versuche, | ohne Sprachhindernisse wichtige Informationen zu geben. | Sie sind dazu da, | Richtungen anzugeben | oder auf Gefahren aufmerksam zu machen. | Und jeder versteht sie. |

Diese Methode, | sich mit Bildern zu verständigen, | wurde schon in der Frühzeit genutzt. | Wichtige Wörter in ein Bild umzusetzen, | das war sicherlich nicht schwer. | Natürlich brauchte man Geschick, | um einen Gegenstand wiedererkennbar darzustellen. | Aber geübte „Leser" | konnten die Bilderschrift wohl verstehen, | ohne lange nachzudenken. | Bald begann man, | statt Bildzeichen auch Symbole zu verwenden. | Diese zu entziffern, | das war aber nicht so einfach. | Man brauchte schon etwas Köpfchen, | um z.B. eine Wellenlinie als Wasserstelle zu „lesen".

(126 Wörter)

Aufgabe

Schreibe das Diktat ab. Achte dabei besonders auf die blauen Hinweiswörter, die Ursache für das jeweilige Komma sind.

2. Partizipgruppe

Regel

Partizipgruppen müssen nur dann durch **Komma** abgetrennt werden,
- wenn sie durch ein **hinweisendes *so*** begleitet werden
- wenn sie in den Satz **eingeschoben** sind.

In allen übrigen Fällen **kann** man ein Komma zur besseren **Verständlichkeit** setzen, z. B. wenn die Wortgruppe recht lang ist.

Beispiele

- *In Felsen **geritzt, so** finden wir heute manchmal noch Botschaften aus fernen Zeiten.* (hinweisendes *so*)
- *Bilderschrift, gut **durchdacht,** ist international verständlich.* (eingeschobenes Partizip)
- ***Sorgfältig** ausgeführt beeindruckt sie uns.* (kein Komma!)

Diktat

Wie die Buchstaben entstanden

Wusstest du, | dass auch unsere heutige Schrift, | in endlosen Schulstunden gelernt, | einmal eine Bilderschrift war? | Von Kulturkreis zu Kulturkreis weitergegeben(,) | hat sie sich allerdings im Laufe der Zeit merklich verändert: | Komplizierte Formen wurden vereinfacht | und manche Einzelheit, | als unwichtig eingeschätzt, | wurde fortgelassen. | Stück für Stück variiert, | so änderten sich die ursprünglichen Bilder. |

Geblieben sind kunstvolle Zeichen, | Buchstaben genannt. | Von ihrem Ursprung losgelöst(,) | erinnert heute nichts mehr an die früheren Bilder. | Die einzelnen Buchstaben stehen heute, | dem Wort entsprechend, | für die gesprochenen Laute. | Von der Nützlichkeit her gesehen(,) | ist dies sehr praktisch: | Mit wenigen Schriftzeichen, | immer neu kombiniert, | kann man alle Wörter schreiben. | Anders ist dies in Peking: | Auch die chinesische Schrift, | heute aus über 50 000 (!) Schriftzeichen bestehend, | hat sich aus Bildern entwickelt; | aber für die meisten Wörter gibt es ein eigenes Zeichen, | in Jahrtausenden entstanden. | Pekings Schüler brauchen jedoch, | grob gerechnet, | „nur" 3500 Zeichen zu lernen. | Gemessen an solchem Lernpensum(,) | haben wir es doch eigentlich noch gut …

(159 Wörter)

Aufgabe

Lies das Diktat und erkläre bei jedem Komma, warum es steht.

3. Aufzählung und Apposition

Regel

- **Aufgezählte Wörter und Wortgruppen** werden durch **Komma** getrennt, wenn zwischen ihnen **keine der folgenden Konjunktionen** steht: ***und, oder, wie, sowie, beziehungsweise, weder – noch, sowohl – als auch, entweder – oder.***
- **Nachgestellte Appositionen** werden immer in **Kommas** eingeschlossen.

Beispiele

- *Blätter, Hefte **und** Notizblöcke hat wohl jeder zu Hause.*
  ***Sowohl** Blätter **als auch** Hefte **und** Notizblöcke sind heute ein selbstverständliches Schreibmaterial.*
- *In Ringbüchern, **einer nützlichen Erfindung,** kann man die Blätter sehr übersichtlich ordnen.*

Diktat

Als Schreiben noch Ritzen und Meißeln war

Wie einfach ist heute das Schreiben. | Weder Zettel noch Heft oder Notizblock | sind etwas Besonderes. | Auch an Stiften sowie Kugelschreibern mangelt es selten. | Und zum farbigen Hervorheben | nimmt man einfach einen breiten Filzstift, | den praktischen Marker. | Und dann kann es losgehen mit dem Schreiben, | dem Zeichnen, dem Malen. | Für besondere Anlässe haben viele noch einen Füllhalter, | die edle Alternative. |

Und in der Vorzeit? | Damals war das Ganze meist eine mühselige, | oft auch körperlich anstrengende, | mit Lärm und Schmutz verbundene Angelegenheit. | Statt auf einem Blatt | schrieb man auf Leder, Holz, Rinde, | Ton, Knochen oder Stein. | Stein, das besonders unhandliche Material, | musste mit Schlegel und Meißel bearbeitet werden. | In Holz oder Rinde, | die weicheren Materialien, | wurden die Zeichen eingeritzt. | In feuchten, also formbaren Ton | wurden sie mit einem schräg gehaltenen Rohrgriffel eingedrückt. | Wegen der charakteristischen Formen nach dem Trocknen | nennt man diese sowohl bei den Sumerern | als auch bei den Babyloniern gebräuchliche Schrift | heute Keilschrift.

(153 Wörter)

Aufgabe

Schreibe den Text ab.
Überlege konzentriert, warum ein Komma steht oder fehlt.

14 Worauf man schrieb
Abschlussdiktate

1. Welcher Buchstabe?

Diktat

Die nützliche Papyrusstaude

Wenn uns nicht zufällig ein Notizzettel fehlt | und wir als Ersatz die Rückseite eines alten Schmierblatts nehmen müssen, | messen wir einem Stück Papier | heute keine große Bedeutung bei. | Man kann zwischen teurer und preiswerter Qualität wählen | und benutzt es täglich. |

Wie anders war dies vor langer, langer Zeit. | Das erste Papier hieß „Papyrus“ | und stammte von einer hohen Graspflanze. | Zur Herstellung schnitt man das Mark des Stängels | in ganz dünne Streifen | und presste diese in zwei Schichten kreuzweise übereinander. | Durch den stärkehaltigen Saft | wurden die Schichten fest verklebt. | Dann glättete und trocknete man sie | und brachte sie in das gewünschte Format. | Man konnte sie auch aneinander leimen und zu Rollen verarbeiten. | Man schrieb auf ihnen mit einer schwarzen Flüssigkeit aus Ruß | oder einer roten aus Zinnober. |

Papyrus war im Altertum ein wichtiges Schreibmaterial, | besonders in Ägypten. | Die Papyrusstaude wurde aber auch zur Herstellung von Flößen, | Booten, | Matten und Seilen verwendet.

(150 Wörter)

Aufgabe

Schreibe den Text ab. Achte bei den blauen Wörtern besonders sorgfältig auf die Schreibweise der einzelnen Buchstaben.

Achtung

Nun lernst du noch eine kleine Besonderheit kennen:
Wenn du ein Wort mit einem **Doppelvokal**, z. B. *Boot*, so verwendest, dass der Doppelvokal **umgelautet** wird, enthält die neue Form nur einen **einfachen Umlaut**:

Boot – Bötchen, Paar – Pärchen, Saal – Säle

2. Groß oder klein? Zusammen oder getrennt?

Diktat

Pergament: kostspielig, aber haltbar

Das Aufschreiben bestimmter Texte | muss im Altertum etwas sehr Wichtiges gewesen sein, | sonst hätte man sich nicht so viel Mühe | mit dem Herstellen von Schreibmaterial gegeben. | Fest steht nämlich, | dass es schon damals große Bibliotheken | mit unzähligen Papyrusrollen gab. |

Warum diese Attraktionen heute kaum mehr Aufsehen erregen? | Weil fast nur noch einzelne Blattreste übrig geblieben sind. | Auch im trockenen Klima des Südens | hat man es nicht fertiggebracht, | das pflanzliche Material auf Dauer haltbar zu machen. |

Bald hatte man aber herausgefunden, | wie man sich ein anderes Material zunutze / zu Nutze machte: | die lederne Haut der Ziegen, | Schafe und Kälber. | Man bearbeitete sie mithilfe / mit Hilfe besonderer Techniken. | Dabei musste man dafür Sorge tragen, | dass sie glatt, | fettfrei und trocken wurde. | Wenn alles gutgegangen war, | war sie zu Pergament geworden, | das man beschreiben konnte. | Aufgrund / Auf Grund der Festigkeit des Materials | war es sehr haltbar, | wenn auch die Kosten um ein Beträchtliches höher waren als bei Papyrus.

(148 Wörter)

Aufgabe

Schreibe den Text sorgfältig ab. Konzentriere dich dabei besonders darauf, ob ein Wort groß- oder kleingeschrieben wird bzw. zusammen oder getrennt.

3. Zeichensetzung

Diktat

Wie man Papier herstellte

Kennst du Herrn Cai Lun, | den Hofbeamten aus China? | Vor knapp 2000 Jahren | hat er in einem Bericht mitgeteilt, | dass man damals in China | die Kunst der Papierherstellung kannte. | Das genaue Herstellungsverfahren | blieb jedoch noch lange geheim(,) | und erst im Mittelalter | konnte man in Europa das neue Schreibmaterial herstellen. |

Man brauchte nur fein verriebene Pflanzenfasern, | um einen Brei anzurühren. | Mit einem flachen Sieb, | aus engen Maschen bestehend, | schöpfte man dann ein feuchtes „Blatt" | und trocknete es an der Luft. | Gegenüber Papyrus und Pergament | hatte das Papier den Vorteil, | dass es leichter herzustellen war | und dass es erheblich preiswerter war. |

Substanzen, | Herstellungsverfahren, | Qualität und Kosten | haben sich bis heute zwar bei der Papierherstellung erheblich verändert; | aber das Grundprinzip ist im Wesentlichen immer noch dasselbe | und wird auch dann wohl noch angewendet werden, | wenn die Texte durch das elektronische „Aufschreiben" im Computer | immer häufiger unsichtbar gespeichert werden.

(145 Wörter)

Aufgabe

Schreibe den Text ab. Setze jedes Komma bewusst. Mache dir auch klar, warum an einer Stelle das Komma freigestellt ist. (Du kannst dazu eventuell noch einmal die Regeln nachschlagen.)

Grammatische Begriffe G

Begriff	Beschreibung	Beispiel
Adjektiv	Eigenschaftswort (Wiewort)	das lustige Spiel, schön
Adverb	Umstandswort	vorwärts einparken, bereit sein
Apposition	Beifügung	Pu, der Bär, …
Artikel	Geschlechtswort (Begleiter)	der, die, das, ein, eine
Demonstrativpronomen	hinweisendes Fürwort	dieser, jene, das
Diphthong	Doppellaut (Zwielaut)	au, äu, ei, eu
Fragepronomen	Fragefürwort	wer? was? welche?
Infinitiv	Grundform des Verbs	gehen, fragen, schwimmen
Interjektion	Ausruf	Ah! Oh! Au! Ach!
Konjunktion	Bindewort: verbindet Wörter und Sätze miteinander	und, oder, aber, weil, da, dass
Konsonant	Mitlaut	b, d, m, r, s (usw.)
Mengenangabe / Numerale	unbestimmtes Zahlwort bestimmtes Zahlwort	einige, viele, alle vier, eine Eins schreiben
Partizip	Verbform: Partizip Präsens (1. Partizip) Partizip Perfekt (2. Partizip)	 hüpfend, gehend, fließend gehüpft, gegangen, geflossen
Plural	Mehrzahl	Erbsen, Bälle, Kinder
Präposition	Verhältniswort	in, auf, mit, über
Pronomen	Fürwort: steht anstelle eines Substantivs	du, mein, dieser, der, welches
Relativpronomen	rückbezügliches Fürwort	der, die, das
Substantiv	Hauptwort, Nomen	Freund, Blume, Glück
Substantivierung	als Substantiv verwendetes Wort einer anderen Wortart	das Hüpfen, beim Gehen, etwas Lustiges
Verb	Tätigkeitswort, Zeitwort	hüpfen, gehen, fließen
Vokal	Selbstlaut	a, e, i, o, u, ä, ö, ü
Wortstamm	Wortteil ohne Vorsilbe und ohne Endung	Ruhe, ruhen, beruhigt, geruhsam

R Register